# ICH! WILL! ABER! NICHT!

## DIE
## GU-QUALITÄTS-
## GARANTIE

Wir möchten Ihnen mit den Informationen und Anregungen in diesem Buch das Leben erleichtern und Sie inspirieren, Neues auszuprobieren. Bei jedem unserer Produkte achten wir auf Aktualität und stellen höchste Ansprüche an Inhalt, Optik und Ausstattung. Alle Informationen werden von unseren Autoren und unserer Fachredaktion sorgfältig ausgewählt und mehrfach geprüft. Deshalb bieten wir Ihnen eine 100 %ige Qualitätsgarantie.

**Darauf können Sie sich verlassen:**
Wir bieten Ihnen alle wichtigen Informationen sowie praktischen Rat – damit können Sie dafür sorgen, dass Ihre Kinder glücklich und gesund aufwachsen. Wir garantieren, dass:
• alle Übungen und Anleitungen mehrfach in der Praxis geprüft und
• unsere Autoren echte Experten mit langjähriger Erfahrung sind.

**Wir möchten für Sie immer besser werden:**
Sollten wir mit diesem Buch Ihre Erwartungen nicht erfüllen, lassen Sie es uns bitte wissen! Wir tauschen Ihr Buch jederzeit gegen ein gleichwertiges zum gleichen oder ähnlichen Thema um. Nehmen Sie einfach Kontakt zu unserem Leserservice auf. Die Kontaktdaten unseres Leserservice finden Sie am Ende dieses Buches.

GRÄFE UND UNZER VERLAG
*Der erste Ratgeberverlag – seit 1722.*

# Inhalt

# Kinder sind toll – bis auf die Trotzphase?

Das Leben mit Kindern ist wundervoll. Es birgt einen besonderen Zauber, diese kleinen Menschen beim Großwerden zu begleiten. Jeden Tag erleben wir, wie sich unser Baby weiterentwickelt und die Welt mehr und mehr wahrnimmt. Es lernt, sich zu drehen, zu krabbeln, zu laufen. Verzückt lauschen wir den ersten Worten, filmen die ersten unsicheren Schritte und schicken voll Stolz Fotos von unserem reizenden Nachwuchs an Freunde und Familie. Es könnte so schön sein!

Doch auf einmal ändert sich alles mit dem ersten kindlichen »Nein« oder einem schlichten, aber energischen »Ich!«. Manchmal beginnt das schon in der Babyzeit, wenn das Kind auf einmal Dinge erkunden möchte, die wir nicht für seine kleinen Hände vorgesehen hatten. Wenn sich das Kind dann plötzlich auf den harten Fußboden wirft und umherrollt oder mit Armen und Beinen um sich schlägt, erkennen wir es kaum wieder. Gerade eben war es noch ein niedliches, zufriedenes Baby und nun wird das Zusammenleben zu einem Drahtseilakt. Hat das Kind bisher immer freudig unseren Ideen zugestimmt oder sich zumindest ablenken lassen, tritt es nun bestimmt für seine eigenen Wünsche ein.

Als Eltern sind wir es gewohnt, die Richtung vorzugeben und den Tag nach unseren Vorstellungen zu strukturieren. Doch auf einmal ist dies nicht mehr problemlos möglich, denn das Kind bringt seine ganz eigenen Vorstellungen in das Familienleben ein und vertritt sie mal lauter, mal leiser.

Diese Seite der kindlichen Entwicklung wird gewöhnlich nicht mehr liebevoll dokumentiert, denn sie stört das bisher harmonische Familienleben. Vielen Eltern erscheint die Autonomiephase als die schwierigste Zeit der frühen Kindheit.

Je näher der zweite Geburtstag des Kindes rückt, desto mehr beginnen viele Eltern, sich vor den ersten Autonomiebekundungen des Kindes zu fürchten, da sie ja von allen Seiten hören, wie anstrengend diese Zeit sei. So manche Familie macht sogar schon früher die Erfahrung, dass das Kind einen eigenen Willen hat, den es durchsetzen möchte. Oft heißt es nun, das Kind wolle Grenzen austesten oder es gehe um ein Machtspiel und man müsse es in die Ecke stellen oder mit anderen Strafen erziehen.

Doch die Autonomiephase, wie man die Zeit der beginnenden Eigenständigkeit nennt, ist eine wichtige Phase der kindlichen Entwicklung, die wir nicht unterdrücken sollten, denn sie hat Auswirkungen auf das gesamte Leben, vor allem auf den Umgang mit Stress und Konflikten. Kinder lernen in dieser Zeit, sich selbst zu regulieren – zunächst mithilfe der Erwachsenen, später eigenständig. Wir Eltern stehen in dieser Phase nicht, wie oft behauptet wird, hilflos neben dem wütenden Kind, sondern unterstützen seine soziale Kompetenz und seine ganzheitliche Entwicklung, wenn wir es gut begleiten.

> »Wir registrieren jeden Meilenstein der motorischen Entwicklung und jedes neue Wort, doch an die nicht minder beeindruckende Entwicklung der emotionalen Fähigkeiten verschwenden wir kaum Gedanken. Dabei ist dieser Aspekt der kindlichen Entwicklung in vielfacher Hinsicht der wichtigste von allen, weil er das entscheidende Fundament legt, auf dem jede andere geistige Fähigkeit gedeiht.«
> Lise Eliot

Es gibt einen großen Baukasten an Hilfsmitteln, mit denen Eltern gut durch die Autonomiephase kommen können. Anfangen sollten wir immer mit dem Verständnis der individuellen Entwicklung und Denkweise unseres Kindes. So erfahren wir, worum es wirklich geht in einem Konflikt. Wenn wir wissen, wie unser Kind denkt und handelt und warum, können wir unseren Alltag so gestalten, dass das Kind mehr Möglichkeiten der Teilhabe hat und weniger Konflikte auftreten, sei es beim Anziehen oder beim Essen. Es ist gar nicht so schwer, dem Kind mehr Selbstständigkeit zu ermöglichen, und entlastet uns als Eltern schließlich sogar.

Mit einigen guten »Geheimzutaten« für unseren Familienalltag und dem Weglassen einiger »Negativzutaten« können wir unsere Kinder liebe- und verständnisvoll durch die Autonomiephase begleiten, ohne uns selbst zu sehr zu verbiegen.

# Vielleicht interessiert Sie,
# wer ich bin?

Als Diplom-Pädagogin und Familienbegleiterin arbeite ich seit vielen Jahren mit Eltern von der Zeit der Schwangerschaft bis hinein in die ersten Lebensjahre des Kindes. In Kursen, Beratungen und nicht zuletzt online durch meinen Elternblog habe ich in den vergangenen zehn Jahren viele Einblicke in unterschiedliche Familienleben erhalten. Mit Kindern im Alter von acht, vier und eineinhalb Jahren habe ich auch persönlich die Autonomiephase schon zwei Mal durchlebt und stehe mit meinem dritten Kind gerade wieder am Anfang einer neuen gemeinsamen Reise durch diese Zeit. Jedes Mal verläuft diese Phase ein wenig anders, denn jedes Kind bringt ein anderes Temperament mit und hat andere Bedürfnisse und Fähigkeiten der Regulation.

Mit meinem ersten Kind erlebten wir in all den Jahren eine einzige Situation, in der es sich auf den Fußboden warf und schreiend umherrollte. Mein zweites Kind hatte von Beginn an ein anderes Temperament und hat mir die Augen geöffnet für eine Sichtweise dieser Phase, die ich vorher nicht einnehmen konnte, da ich zu sehr von dem beeinflusst war, was gewöhnlich über »das Trotzen« zu lesen ist. Wir standen an der Supermarktkasse – der Klassiker! – und mein Zweieinhalbjähriger wollte sich dort an den Süßigkeiten bedienen. Ich war jedoch damit nicht einverstanden und erklärte kurz und knapp, die Süßigkeiten sollten zurückgelegt werden. Mein Kind stampfte wütend auf, warf die Süßigkeiten auf den Boden und schrie: »Ich! Will! Aber! Nicht!« »Oh bitte, trotz jetzt hier nicht herum!«, sagte ich. Die prompte und schlichte Antwort war: »Nein, du trotzt, Mama!« Und damit hatte mein Sohn gar nicht so unrecht.

## Die Autonomiephase

# WAS BEDEUTET »TROTZEN«?

Den vielleicht größten Fehler, den wir machen können, ist, die Autonomiephase als »Trotzen« zu bezeichnen. Denn damit beschränken wir unseren Blick auf das Kind und grenzen unsere Handlungsmöglichkeiten ein. Doch wenn wir verstehen, warum unsere Kinder so sind, wie sie sind, können wir zusammen mit ihnen Lösungen entwickeln, um einen entspannten Weg zu finden. Wir stehen gerade erst am Anfang dieses Lebensabschnitts. Wer jetzt schon einen guten Weg findet, hat es in den folgenden Jahren leichter.

# »Trotzen« ist kein Fehlverhalten

Über viele Jahrzehnte hinweg haben wir eine völlig falsche Perspektive auf das vermeintliche Trotzverhalten von Kindern vermittelt bekommen. Denn es ist keineswegs ein Fehlverhalten, sondern ein wichtiger und notwendiger Entwicklungsschritt des Kindes.

Dem Duden zufolge ist Trotz ein »hartnäckiger [eigensinniger] Widerstand gegen eine Autorität aus dem Gefühl heraus, im Recht zu sein«. Trotz ist nach dieser Definition also ein bewusster und vehement vorgebrachter Starrsinn.

So sehr wir diesen Eindruck vielleicht in einem solchen Moment mit unserem Kind auch haben mögen, sind wir damit dennoch aus zwei wichtigen Gründen auf dem Holzweg: Der erste Grund besteht darin, dass das Verhalten des Kindes sinnvoll und in Hinblick auf seine Entwicklungsbedürfnisse genau richtig ist. Der zweite Grund ist, dass es keinesfalls bewusst gegen uns ankämpft, da es dazu von seinem Entwicklungsstand her gar nicht in der Lage ist. Die Grundannahmen über die Trotzphase, die uns viele Jahre gesellschaftlich eingetrichtert wurden, sind schlichtweg falsch.

Deswegen fällt es uns auch so schwer, einen guten gemeinsamen Weg durch diese Zeit zu finden – uns fehlen das Verständnis und die Vorbilder. Anders als die gängige Trotzdefinition es uns vermuten lässt, geht es im Verhalten unseres Kindes nicht in erster Linie um die Auflehnung gegen eine Autorität. Es ist – wie wir sehen werden – KEIN Machtspiel. Unsere Kinder zeigen mit einem Wutanfall auch weder schlechte Manieren, noch wollen sie uns auf der Nase herumtanzen.

»Trotzen« ist kein Fehlverhalten des Kindes. Unsere Kinder zeigen ein Verhalten, das Kinder überall auf der Welt in dieser Art zeigen und das selbst bei unseren nächsten Verwandten im Tierreich, den Schimpansen, zu finden ist. Auch wenn wir als Eltern manchmal das Gefühl haben, nur unser eigenes Kind würde sich so benehmen und nur wir hätten dieses schwere Los des wütenden Kleinkindes zu tragen, sind wir damit keineswegs allein.

Eltern überall auf der Welt haben Kinder, die ihren Unmut mit Schreien, Weinen, Schlagen oder Umherrollen auf dem Fußboden kundtun. Führen wir uns dies vor Augen, wird uns klar: Irgendetwas an diesem Verhalten muss sinnvoll sein, wenn Menschen auf der ganzen Welt es im gleichen Entwicklungsalter zeigen. Die Natur toleriert nur selten Verhaltensweisen, die unnütz für die Entwicklung wären.

## Kinder wollen Eltern nicht erzürnen

Zudem können wir sicher sein, dass Kinder einen inneren Antrieb zum Überleben haben, der ihr Verhalten uns Erwachsenen gegenüber mitbestimmt: Solange sie noch klein sind, sind sie auf den Schutz, die Pflege und Zuwendung ihrer Bindungspersonen angewiesen.

Kinder gehen eine Bindung ein zu den nahestehenden Personen, die sie umsorgen. Je nachdem, wie sich die Interaktion zwischen Erwachsenem und Kind gestaltet, können unterschiedliche Bindungsmuster entstehen. Damit sind verschiedene Formen gemeint, wie Kinder und Eltern miteinander umgehen: ob sich die Kinder sicher fühlen und auf ihre Bedürfnisse prompt und richtig eingegangen wird oder ob ihre Bedürfnisse oft übergangen werden und sie sich weniger sicher angenommen fühlen.

Diese Bindungsmuster haben einen Einfluss darauf, wie das Kind die Welt wahrnimmt und weitere Lernerfahrungen darin macht. Sie wirken sich auch auf seinen Schulerfolg und seine Freundschaften aus. Und auch wenn das Bindungsmuster, das ein Kind durch die Interaktion mit den Eltern erwirbt, nicht für alle Zeit in Stein gemeißelt ist, hat es über viele Jahre einen Einfluss auf das Erleben und Wahrnehmen des Kindes. In Bezug auf das »Trotzen« ist das Wissen um die Existenz der Bindung deswegen

## Kurze Übersicht zur Bindungstheorie

*Die Bindungstheorie geht auf den britischen Kinderarzt und Psychoanalytiker John Bowlby zurück: Er fand heraus, dass frühe Umwelterlebnisse und Bindungserfahrungen die psychische Entwicklung des Kindes beeinflussen. Nach dem Ende des Zweiten Weltkriegs beobachtete er die Auswirkungen von Trennung und Verlust der Bindungspersonen auf Kinder und stellte in einer Untersuchung für die Weltgesundheitsorganisation (WHO) fest, dass fehlende Beziehungen und Bindungen gravierende Auswirkungen auf Kinder haben können – bis hin zum Tod des Kindes. 1970 entwickelte seine Mitarbeiterin Mary Ainsworth den »Fremde-Situation-Test«, der zur Bestimmung des Bindungsmusters diente: Neben dem sicheren, unsicher-vermeidenden und unsicher-ambivalenten beschrieb sie das desorganisierte Bindungsmuster von Kindern traumatisierter Eltern. Die Erkenntnisse von John Bowlby und Mary Ainsworth waren wegweisend für ein neues Bild des Kindes und sind noch heute Basis für viele Untersuchungen. Heute ist bekannt, dass die Bindungsmuster der frühen Kindheit nicht ein Leben lang bestehen bleiben müssen, sondern veränderbar sind. Doch ihr Einfluss auf die kindliche Entwicklung ist sicher.*

wichtig, weil die Art, wie wir Erwachsene mit den negativen Äußerungen unseres Kindes umgehen, sich auf die Bindung auswirkt. Dabei ist das Kind, ganz gleich wie wir auf sein Verhalten reagieren, auf uns Erwachsene angewiesen und stellt eine Bindung zu uns her. Vereinfacht ausgedrückt, sind Kinder auch dann mit ihren Eltern verbunden, wenn diese kein positives Erziehungsverhalten zeigen, sie vielleicht sogar misshandeln oder missbrauchen.

Weil sie in vielen Bereichen noch lange Zeit Unterstützung benötigen, gefährden sie diese Verbindung nicht und halten sie selbst dann aufrecht, wenn Eltern ein äußerst negatives Verhalten zeigen, das sich langfristig schädlich auf die psychische und physische Gesundheit des Kindes auswirkt. Deswegen haben auch Kinder aus gewalttätigen Familienkonstellationen eine Bindung zu ihren Eltern.

Dies verdeutlicht uns: Wenn ein Kind ein Verhalten zeigt, das uns verzweifeln lässt, macht es dies nicht zwangsläufig, um uns zu ärgern – besonders nicht in der frühen Kindheit. Es wäre evolutionär nicht sinnvoll, wenn kleine Kinder sich so verhalten würden. Wir brauchen daher ein Erklärungsmodell, das dem Handeln des Kindes einen plausiblen Grund gibt. Das Kind verfolgt mit seinem Handeln ein Ziel, das uns Erwachsenen vielleicht manchmal nicht einleuchtet oder das wir uns erst später erklären können. Aber auch wenn wir es nicht sofort erkennen, hat das kindliche Verhalten einen Sinn.

## Was kleine Kinder wirklich wollen

Betrachten wir das Ziel der meisten Handlungen in dieser Zeit, wird schnell klar, dass viele Wutsituationen aus zwei Gründen entstehen:

- Das Kind fordert Selbstständigkeit ein, die wir ihm nicht zugestehen wollen oder können: »Ich will das alleine machen!« – »Ich möchte aber noch spielen!«
- In den Augen des Kindes gibt es eine ungerechte Verteilung von Ressourcen: »Ich will auch …« – »Ich will nicht teilen!«

Diese beiden großen Themen passen auf den ersten Blick vielleicht nicht zusammen, ergänzen sich jedoch auf den zweiten Blick hervorragend.

## Selbstständigkeit

Im ersten Lebensjahr erwirbt das Kind die grundlegenden Fähigkeiten, die es für das Leben benötigt. Es beginnt die Umgebungssprache zu verstehen und erste Worte darin mitzuteilen und lernt, sich fortzubewegen. In dieser Zeit lassen wir unserem Kind meist noch viel Spielraum, um diese Kompetenzen zu erwerben. Erst wenn es krabbelt und nach Dingen fasst, die es nicht erreichen soll, greifen wir mit einem »Nein!« ein. Hier treffen verschiedene Vorstellungen aufeinander. Oft reagieren schon Babys mit Verärgerung darauf, wenn ihnen Dinge untersagt werden, doch lassen sie sich noch leichter ablenken und trösten als ein Kleinkind.

In den folgenden Jahren baut das Kind seine Grundfertigkeiten weiter aus: Die Feinmotorik wird präziser, die Grobmotorik erweitert sich und das Kind lernt, sich immer besser sprachlich auszudrücken. Für die Verfeinerung all dieser Bereiche ist es darauf angewiesen, sich aktiv mit der Welt auseinanderzusetzen: Es muss Treppen laufen können, Freiraum zum Springen haben, mal mit Schwung und großen Bewegungen und mal mit kleinen Strichen malen können. Es muss singen, lachen, tanzen dürfen. Auch wenn wir unserem Kind viele – vor allem schlechte – Erfahrungen abnehmen möchten, ist es wichtig, dass es diese Lernerfahrungen selbst machen kann. Nur so kann es Fähigkeiten ausbauen, die es in dieser Welt benötigt. Es wird nicht lernen, sich selbst anzuziehen, wenn es dazu keine Möglichkeiten hat. Und es wird nicht lernen, sich bei einem Sturz gut abzurollen, wenn wir es nicht auch mal hinfallen lassen.

Für uns Eltern ist es manchmal schwer einzuschätzen, was das Kind schon kann. Manchmal sind wir dazu verleitet, dem Kind bestimmte Sachen zu untersagen, weil es noch zu klein ist oder für die Aufgabe einfach zu viel Zeit aufwenden müsste, die wir gerade nicht haben. Wir unterbinden ein Verhalten aus für uns verständlichen Gründen. Doch für das Kind, das seinen eigenen Plan hat und die entsprechenden Kompe-

*LINKS Auch wenn Kinder in der Autonomiephase verstärkt Selbstständigkeit einfordern, so sind sie doch nach wie vor auf Geborgenheit, Nähe und die liebevolle Zuwendung ihrer Bezugspersonen angewiesen.*

tenzen erwerben möchte, ist diese Einschränkung frustrierend: Es hat das dringende Bedürfnis, sich mit dieser Sache zu beschäftigen, und möchte sich in seinem Entwicklungsdrang nicht behindern lassen. Wie wir noch sehen werden, kann es unsere Perspektive oft noch gar nicht einnehmen und widersetzt sich nicht absichtlich dem, was wir sagen, sondern versteht unseren Standpunkt wirklich nicht.

Der innere Bauplan unserer Kinder, der ihnen im Alter von zwei bis vier Jahren vorgibt, ganz besonders auf Selbstständigkeit zu beharren, kommt nicht von ungefähr. Evolutionär betrachtet, hat das kindliche Verhalten in genau dieser Zeit einen besonderen Sinn. Dazu brauchen wir nur die Rahmenbedingungen von Steinzeitkindern zu betrachten: Sie wurden in diesem Alter abgestillt und mussten lernen, sich selbst zu versorgen. Dieses evolutionäre Erbe tragen unsere Kinder noch immer in sich; ihr heutiges Verhalten geht auf die Bedürfnisse von damals zurück. Weil es damals ein Überlebensvorteil war, Dinge selbst erledigen zu können, fordern unsere Kinder dies auch heute noch ein – auch wenn wir uns heute viel länger und ausgiebiger um sie kümmern, als es unsere Vorfahren taten.

Im zweiten Kapitel (siehe Seite 35 ff.) werden wir uns mit der Entwicklung und den Bedürfnissen in der frühen Kindheit noch genauer befassen und daraus mögliche Handlungsmuster für den Alltag ableiten.

## Bestmögliche Versorgung

Der Blick in die Vergangenheit liefert auch in Hinblick auf das Bedürfnis nach Ressourcen eine sinnvolle Erklärung für das kindliche Verhalten: Während das Steinzeitkind auf der einen Seite seine Kompetenzen ausbaute, wurde es auf der anderen Seite durch die Mutter, die vielleicht schon das nächste Geschwisterkind erwartete, nicht mehr so versorgt wie zuvor. Und auch wenn es einerseits viele Dinge zunehmend allein erledigen konnte, war es andererseits weiterhin auf seine erwachsenen Bezugspersonen angewiesen. Es musste sicherstellen, dass seine Bedürfnisse nicht überhört und weiter erfüllt werden würden. In einer größeren Gruppe musste es lernen, sich durchzusetzen und auf sich aufmerksam zu machen. Der Kinderarzt Herbert Renz-Polster beschreibt

dieses kindliche Verhalten, in dem es um die Sicherung der Ressourcen in der Abstill-zeit geht, als Abstillkonflikt. Auch Ergebnisse moderner Forschung passen zu dieser Annahme: Das Liebeshormon Oxytocin, das unter anderem beim Körperkontakt und beim Stillen ausgeschüttet wird, unterstützt die Selbstlosigkeit der Mutter, wodurch sie ihr Verhalten auf das Wohlergehen des Kindes ausrichtet. Das Stillhormon Prolaktin führt laut dem Gynäkologen Michel Odent (siehe Buchtipp Seite 140) zu »Geisteszu-ständen von Untergebenheit und Unterwerfung«. Stillt die Mutter, stellt sie sich dank der Hormone ganz auf das Baby ein. Nach der Stillzeit muss sich das Kind zunehmend selbst um die Erfüllung seiner Bedürfnisse kümmern und diese einfordern.

## Das kindliche Gehirn kann nicht anders

Um das kindliche Verhalten zu verstehen, ist es auch wichtig, sich mit den Verarbeitungsmöglichkeiten des kindlichen Gehirns zu befassen. Denn anders, als wir oft annehmen, können Kinder in emotionalen Situationen noch nicht bewusst und überlegt reagieren.

Wenn wir ehrlich sind, fällt es uns selbst ja in einigen Situationen ebenfalls schwer. Auch hier sehen wir, dass das kein Fehlverhalten ist, sondern eine sehr sinnvolle Einrichtung der Natur – die uns Eltern heute nur manchmal in Schwierigkeiten bringt.

## Wie Erwachsene Gefühle wahrnehmen

Um den Nutzen des schnell reagierenden emotionalen Gehirnareals zu verstehen, sollten wir zunächst den Aufbau des Gehirns und seine Verarbeitungsprozesse betrachten. Für unser Gefühlsleben ist das limbische System im Gehirn zuständig, das auch als emotionales Gehirn bezeichnet wird. Es ist kein einzelner Bereich, sondern eine eng vernetzte Anordnung von Hirnarealen, in denen Emotionen verarbeitet werden.

Das limbische System gehört zum stammesgeschichtlich älteren Teil unseres Gehirns und befindet sich zwischen Großhirnrinde und Hirnstamm. Letzterer ist der entwicklungsgeschichtlich älteste Teil des Gehirns; er kontrolliert und reguliert die wesentlichen Funktionen des Körpers wie Atmung, Herzschlag und Verdauung und koordiniert überlebenswichtige Reflexe wie Husten nach Verschlucken oder Erbrechen. Er ist somit die Schaltzentrale für unser Überleben.

Den Großteil der entwicklungsgeschichtlich jüngeren Großhirnrinde bildet der Neocortex. Er umschließt das limbische System und ist für das analytische Denken zuständig. Er kann Situationen einschätzen und uns veranlassen, abzuwägen und uns situationsgerecht zu verhalten. Hier nehmen wir unsere Gefühle richtig wahr. Durch den Neocortex können wir Impulse beherrschen, wenn es gerade angebracht und möglich ist. Doch auf bestimmte Reflexe, die unser Überleben sichern, haben wir keinen Einfluss: Wir können normalerweise nicht verhindern, dass bestimmte Signale unvermittelte Reaktionen auslösen, etwa wenn wir erschrecken und sofort zur Seite springen.

Das limbische System, das zwischen diesen beiden wichtigen Bereichen angesiedelt und mit ihnen verbunden ist, hat zu den Regionen passende Ausrichtungen: In seinen niederen Strukturen am Hirnstamm ist es zuständig für spontane, reflexartige Gefühle wie heftiges Schlagen des Herzens oder unwillkürliches Erröten. Wir nehmen (zum Teil unbewusst) etwas wahr und reagieren dank des limbischen Systems sofort mit Freude, Angst, Flucht etc. Der obere Bereich hingegen ist für bewusste emotionale Erfahrungen zuständig. Im Zentrum des limbischen Systems finden sich auf beiden Seiten des Gehirns die Mandelkerne. Diese Region spielt eine entscheidende Rolle für die Entstehung unserer Gefühle und spielt eine besondere Rolle bei Furcht und traumatischen Erfahrungen, die sich lange auswirken.

So wie beim Erwachsenen funktioniert das Gehirn jedoch nicht von Anfang an. Das hat einen bestimmten Grund: Das Gehirn ist in der Lage, sich an das individuelle Leben anzupassen. Wir bringen unsere Gene und unsere angelegten Gehirnstrukturen mit ins Leben, aber die Umwelt formt unser Denken so, wie wir es in unserer jeweiligen Umgebung brauchen.

# Die Gefühlswahrnehmung bei Kindern

Dem Schweizer Biologen und Anthropologen Adolf Portmann (1897–1982) zufolge werden wir als »physiologische Frühgeburten« geboren: Als sich der aufrechte Gang entwickelte, wurde parallel dazu auch das Gehirn des Babys größer. Der größere Kopf eines ausgewachsenen Babys würde jedoch nicht mehr durch den Geburtskanal der Mutter passen, da sich mit dem aufrechten Gang auch die Beckenstruktur verändert hat. Daher wurde es notwendig, dass Babys bereits nach knapp zehn Monaten im Mutterleib geboren werden – und nicht erst nach 21 Monaten, wenn sie ausgereift wären. Durch diese vorzeitige Geburt ist das Baby sehr stark auf seine Bezugspersonen angewiesen und viele Funktionen sind noch nicht ausgereift. Insbesondere die Vernetzung im Gehirn geschieht zu großen Teilen erst nach der Geburt.

Die Vernetzung im Gehirn und die Isolierung der einzelnen Nervenfasern mit der Isolierschicht Myelin, die Informationen schneller weiterleitet, sind ein Grund für das rasante Wachstum des Kopfes nach der Geburt. Die wichtigsten Funktionen zum Überleben sind also schon vorhanden, die anderen werden nach und nach ausgebaut.

## Babys fühlen von Anfang an ...

Auch das emotionale Gehirn entwickelt sich schrittweise und in Auseinandersetzung mit der Umwelt. Dabei folgt es einem bestimmten, stets gleichen Ablaufplan: Wie viele andere Gehirnregionen entwickelt sich auch das limbische System von unten nach oben. Die unteren Strukturen für die reflexartigen Gefühle und der Mandelkern sind schon gut ausgeprägt, während die oberen Strukturen der bewussten emotionalen Erfahrungen noch nicht besonders gut verbunden sind.

Das neugeborene Baby kann also von Anfang an Gefühle wahrnehmen und reagiert auf viele Reize instinktiv mit Mimik und Körperreaktionen: Wenn es Hunger spürt, zeigt es ein Suchverhalten mit dem Mund, steckt die kleinen Fäuste in den Mund, nuckelt daran und schreit schließlich, wenn diese Signale nicht beachtet werden. Auch wenn es sich allein fühlt, versucht es mit seinem Verhalten, die Bindungsperson herbeizuholen. Umgekehrt kann es auch schon ganz grundlegende Verhaltensweisen anderer entschlüsseln, wie beispielsweise Gesichtsausdrücke, die es selbst nachzuahmen versucht und die es in geringem Umfang versteht.

Doch die Reaktionen des Babys auf Gefühle – wie schnellere Atmung, Pupillenweitung etc. – sind noch sehr reflexhaft, da es noch kein echtes Bewusstsein für Emotionen hat. Es weiß nicht, dass es sich allein fühlt, es handelt nur so, dass es das nicht mehr ist.

## ... aber sie denken nicht darüber nach

Um wirklich bewusst Gefühle wahrnehmen und einordnen zu können, brauchen wir den schon erwähnten Neocortex. Damit können wir unser Verhalten abwägen, Entscheidungen treffen, rational überlegen. Der Neocortex ist beim Baby zwar schon vorhanden, mit den anderen Teilen des Gehirns jedoch noch nicht stark vernetzt. Die Informationen fließen noch langsam wie auf einer zugestauten Autobahn. Ein Baby oder Kleinkind ist deswegen noch nicht fähig, wirklich über Gefühle und Handlungen nachzudenken. Seine Reaktionen sind impulsiv und laufen instinktiv und reflexartig ab. Dies ist auch sehr sinnvoll, da das Kind noch nicht über viele Erfahrungen verfügt und Situationen nicht vergleichen kann. Es muss daher schnell reagieren, um in eventuellen Gefahrensituationen richtig zu handeln. Das limbische System tut genau dies: Es denkt nicht lange über Vor- und Nachteile des Handelns nach, weil es noch nicht genügend Erfahrungen hat, auf deren Basis es handeln könnte. Stattdessen zeigt es ein bereits angelegtes Verhalten, das ihm größtmöglichen Schutz bietet. Gleichzeitig unterbindet es die Arbeit des noch nicht fertig entwickelten Neocortex. Daher kann das Kind in der frühen Kindheit nur emotional reagieren und seine Impulse noch nicht kontrollieren. Es wird wütend oder traurig, wenn es in eine Stresssituation gerät. Und nichts anderes als Stress ist das Einfordern von Selbstständigkeit oder Ressourcen.

Die Regulation durch den Neocortex erlernt das Kind erst im Laufe der Zeit. Zunächst müssen wir Erwachsene die Gefühle beziehungsweise das limbische System unseres Kindes regulieren, bis es dies eines Tages mithilfe des Neocortex selbst kann. Doch das ist eine lange Reise, die bei jedem Kind ein wenig anders verlaufen kann.

## Jedes Kind geht seinen Weg

Das wütende Verhalten unserer Kinder ergibt also Sinn. Doch auch wenn kleine Kinder überall auf der Welt ihren Unmut durch ein besonders aufbrausendes Verhalten äußern, so ist doch jedes Kind ein wenig anders in seinem Ausdruck.

Manche Kinder sind lauter, andere leiser. Einige werfen sich auf den Boden, andere stampfen nur mit dem Fuß auf. Manche Kinder scheinen weniger Anlässe für einen Widerspruch zu finden, andere mehr. Genauso wie sich die Kinder in vielen Aspekten ihrer Entwicklung voneinander unterscheiden – einige beginnen früher zu sprechen, andere später, manche können schon mit zehn Monaten laufen, andere erst mit 18 –, zeigen sie auch in ihrem emotionalen Ausdruck Unterschiede.

Und auch hier spielen wieder zwei Faktoren zusammen, die letztlich das Verhalten des Kindes bestimmen: Zum einen beeinflusst das persönliche Temperament, wie sich das Kind verhält, zum anderen haben soziale Faktoren einen Einfluss auf die Stärke, mit der das Kind seine Wünsche zum Ausdruck bringt.

# Gene und Erziehung

Von Eltern mit mehreren Kindern ist oft zu hören, wie unterschiedlich ihre Kinder sich verhalten, obwohl sie doch in derselben Familie und im selben Wohnumfeld aufwachsen. Doch jedes Kind ist anders, denn es bringt eine andere genetische Ausstattung mit, die sein Temperament bestimmt. Auch wenn wir durch unseren Erziehungsstil Einfluss nehmen auf die Ausgestaltung des kindlichen Temperaments und sich auch die Erfahrungen, die das Kind im Laufe des Lebens sammelt, darauf auswirken, bleibt eine bestimmte Grundmelodie des Temperaments das ganze Leben lang erhalten. Diese Grundmelodie verändert sich im Laufe der Zeit ein wenig, aber nicht vollständig.

Die amerikanische Neurobiologin Lise Eliot unterscheidet nach wissenschaftlichen Beobachtungen zwischen gehemmten und ungehemmten Kindern: Gehemmte Kinder (laut Eliot sind das etwa 15 Prozent der Kleinkinder) zeigen sich in ihrem Verhalten sehr vorsichtig und wenig aufgeschlossen. Sie fürchten sich vor neuen Dingen, sind sehr zurückhaltend und brauchen lange, um sich mit neuen Situationen anzufreunden. Auf Trennungen reagieren sie ängstlicher als andere Kinder. Auf der anderen Seite stehen die ungehemmten Kinder (ebenfalls etwa 15 Prozent), die sehr neugierig, aufgeschlossen und generell extrovertierter sind und schnell neue Kontakte knüpfen. Zwischen diesen beiden Extremen bewegen sich die restlichen Kinder.

Zwillingsstudien zufolge sind die Gene ausschlaggebend dafür, ob das Kind eher ein gehemmtes oder ungehemmtes Temperament hat. Die Unterschiede zeigen sich bereits im ersten Lebensjahr daran, wie die Kinder neurologisch auf ihre Umwelt reagieren: Der Mandelkern, den wir ja bereits als wichtiges Zentrum der Gefühlsentstehung kennengelernt haben, reagiert laut Jerome Kagan bei gehemmten Kindern früher auf mögliche Gefahren und löst ein Rückzugsverhalten des Kindes aus. Bei ungehemmten Kindern wird dieser jedoch viel weniger aktiviert, wodurch sie sich weniger zurückziehen, durch die Neugier weiter angetrieben werden und manchmal über bestehende Grenzen hinausgehen. So können wir in einer Familie mehrere Kinder haben, die ihre Bedürfnisse im Kleinkindalter (und später) ganz unterschiedlich kommunizieren. Noch ist unklar, wie genau diese genetischen Unterschiede zustande kommen und ob auch

Faktoren aus der Schwangerschaft darauf Einfluss haben. Doch unabhängig von der Entstehungsweise führen die unterschiedlichen genetischen Veranlagungen dazu, dass sich Kinder eben in ihrem Ausdruck unterscheiden. Weder die eine noch die andere Art kann langfristig als besser oder schlechter beschrieben werden.

## *Um Längen heftiger*

*Die Trotzphase des Sohnes ist ganz anders als die der Tochter. [Sie ist] um Längen heftiger. Er ist widerspenstiger, wütender und aggressiver als sie. Er sucht die körperliche Auseinandersetzung und ist viel, viel, viel ausdauernder wütend. Es erschlägt mich manchmal. Denn der Trotz, das Dagegenhalten, das Verneinen und Verhindern seinerseits wird immer heftiger und immer wahlloser, wie es scheint. Selbst Dinge, die er mag, lehnt er ab, wenn seine Laune den bestimmten Punkt erreicht hat.*

*Sonja von mama-notes.de*

In Bezug auf die Verteilung von Ressourcen in der frühen Kindheit (siehe Seite 18 f.) ist ein eher energisches Auftreten jedoch oftmals sinnvoll. Dies folgerte auch Marten deVries aus einer Studie, die er 1974 in Kenia durchführte: Er teilte das Temperament von Kindern auf einer Skala von einfach bis schwierig ein. Ein einfaches Temperament hatten Babys im Alter von vier bis fünf Monaten, die leicht zu beruhigen und anpassungsfähig waren. Schwierige Babys zeigten das gegenteilige Verhalten. Drei Monate nach der ersten Einschätzung sollte die Entwicklung der Kinder betrachtet werden. In der Zwischenzeit waren aufgrund einer anhaltenden Dürre und Nahrungsmittelknappheit insgesamt 20 Babys, davon fünf mit leichtem und zwei mit schwierigem Temperament, verstorben. Es handelt sich zwar hier nicht um eine repräsentative Zahl, das Ereignis scheint jedoch darauf hinzudeuten, dass ein lautes und vehementes Verhalten ein Überlebensvorteil sein kann, da es die Kinder besser mit Ressourcen versorgt.
Wie wir später noch sehen werden, nehmen wir aber auch mit unserem Verhalten Einfluss auf das Verhalten des Kindes. Doch auch andere Faktoren wirken sich auf die Autonomiebestrebungen des Kindes aus, zum Beispiel die Geschwisterfolge: Je näher

die Geburten der Geschwister beieinanderliegen, desto vehementer werden meist die Wünsche nach Ressourcen eingefordert, da die Kinder selbst ja noch klein sind und auf ihr Wohlergehen und die Versorgung bedacht sein müssen. Wachsen sie in sozioökonomisch schwierigen Verhältnissen auf, müssen sie ebenfalls mehr Durchsetzungsfähigkeit zeigen. Kinder mit einem männlichen Geschlecht haben oft generell eine stärkere Ausprägung dieser Phase. Der Kinderarzt Herbert Renz-Polster begründet dies damit, dass männliche Embryonen (und Jungen) im Vergleich zu weiblichen Embryonen (und Mädchen) eine weniger gute Überlebensquote zeigen. Daher sind sie besonders auf Fürsorge angewiesen und müssen diese einfordern.

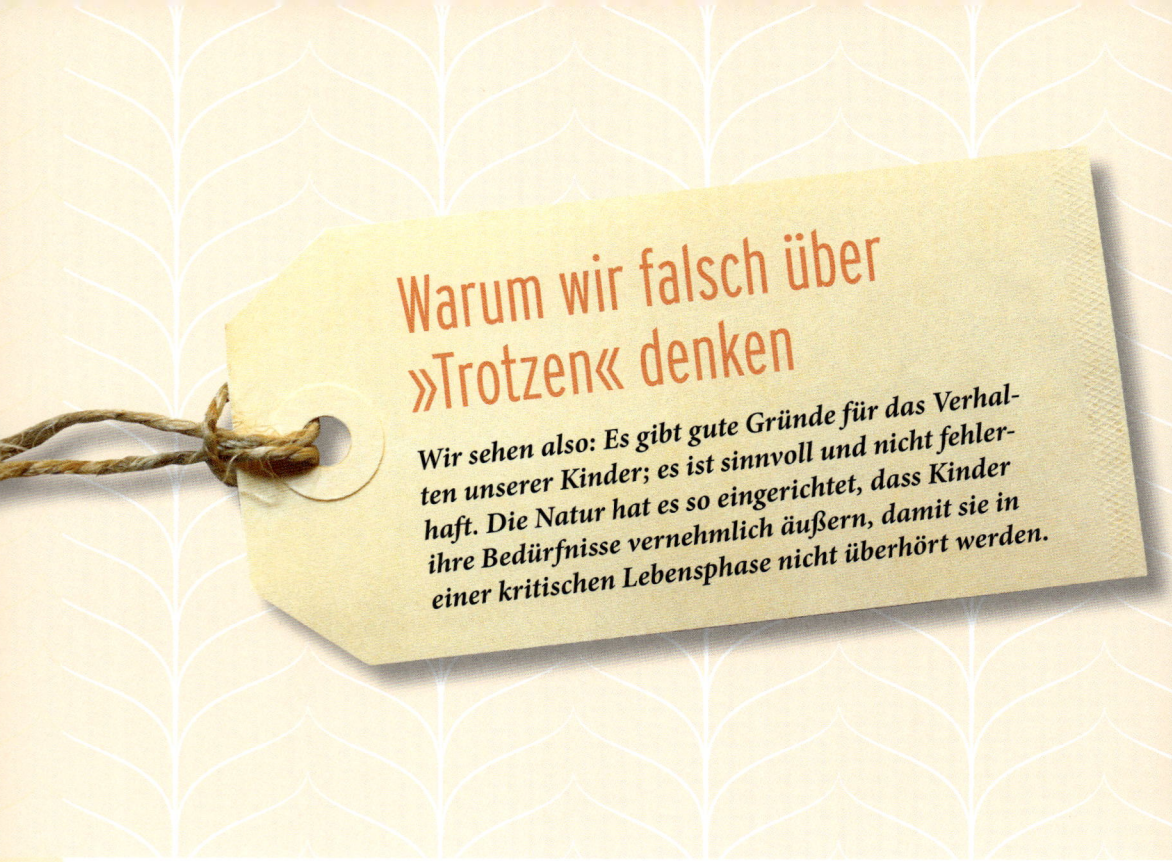

## Warum wir falsch über »Trotzen« denken

Wir sehen also: Es gibt gute Gründe für das Verhalten unserer Kinder; es ist sinnvoll und nicht fehlerhaft. Die Natur hat es so eingerichtet, dass Kinder ihre Bedürfnisse vernehmlich äußern, damit sie in einer kritischen Lebensphase nicht überhört werden.

So weit, so gut. Doch wenn alles so sinnvoll eingerichtet und die Autonomiephase von der Natur vorgesehen ist, warum fällt es uns Eltern dann so schwer, damit zurechtzukommen? Warum hat die Natur es dann nicht auch so eingerichtet, dass wir vom Verhalten unseres Kindes nicht genervt sind? Warum bleiben uns solche Tage nicht erspart, an denen wir das Gefühl haben, einen langen Urlaub für uns allein zu benötigen? Hier kommen wir an einen kritischen Punkt, der für uns zur Herausforderung wird: Eigentlich sind wir darauf eingestellt, gut und richtig und verständnisvoll mit unseren Kindern umzugehen. Doch unsere eigene Erziehung, unsere Gesellschaft, unsere Rollenvorbilder und auch die heutigen Anforderungen an uns und unser Leben behindern uns dabei, gelassen durch diese Zeit der kindlichen Entwicklung zu gehen.

# Wir haben Gewalt Kindern gegenüber erlernt

Strenge, Auszeiten, Machtspiele und Tadel in der Autonomiezeit des Kindes sind nicht überall Mittel der Wahl, sondern nur unter ganz bestimmten kulturellen Bedingungen. Der amerikanische Anthropologe und Autor David F. Lancy fasst in seinem umfassenden Werk »The Anthropology of Childhood«, das die New York Times als »einziges Babybuch, das man jemals braucht« bezeichnet, verschiedene Studien zusammen, aus denen hervorgeht, dass beispielsweise körperliche Strafen eher in Kulturen vorkommen, in denen Eltern mit ihren Kindern auf sich gestellt sind und nicht ein ganzes Dorf an der Erziehung beteiligt ist. Auch in generell kriegerischen Kulturen und solchen, in denen Frauen geschlagen werden oder Väter wenig Zeit mit den Kindern verbringen, werden körperliche Strafen öfter als disziplinarische Maßnahme eingesetzt. In anderen Kulturen werden Kinder zwar nicht körperlich bestraft, dafür aber beschämt, um ein gewünschtes Verhalten herbeizuführen. Im Kulturvergleich zeigt sich, dass Kommunikation mit Kindern – wie insbesondere in westlichen, demokratischen Gesellschaften – die seltenste Vorgehensweise ist, diese jedoch nicht nur das Verhalten der Kinder beeinflusst, sondern auch ihre Fähigkeiten und Beziehungen stärkt, während durch körperliche Strafen und Beschämung nur das Verhalten beeinflusst wird. Verschiedene Kulturen verfolgen unterschiedliche Ziele mit der Erziehung ihrer Kinder und nutzen deswegen verschiedene Erziehungsmittel.

## Was du heute sagst, begleitet dein Kind ein Leben lang

Unsere Kultur und unser Erziehungsstil sind geprägt von den Erfahrungen unserer Eltern, Großeltern und Urgroßeltern. Während früher die Ziele der Erziehung auf das gesamtgesellschaftliche Wohl ausgerichtet waren und die Kinder ihren vorgegebenen Platz in der Gesellschaft ohne Widerspruch übernehmen sollten, wünschen wir uns heute anderes für unsere Kinder und leben in einer anderen Gesellschaft. Doch wir tragen noch immer die Last und die Erwartungen vorangegangener Generationen in uns. Denn schließlich waren auch wir einmal Kinder und wurden von unseren Eltern erzogen – oft sehr ähnlich wie diese zuvor von ihren Eltern. Diese Erziehungsmuster haben sich tief in uns eingebrannt. Manchmal sind sie uns nicht bewusst und wir ertappen uns bei dem Gedanken »Jetzt höre ich mich an wie meine Mutter« oder »Jetzt habe ich gehandelt wie mein Vater«. Das, was wir in unserer frühesten Kindheit erlebt haben, klingt ein Leben lang in uns nach. Die Stimmen unserer Kindheit sind es, die uns heute zuflüstern, wie wir mit unseren Kindern umgehen sollen.

### Schatten der Vergangenheit

*Doch besonders hasste ich sie [meine Mutter] für eines: dass ich als Mutter anders sein wollte und es manchmal so schwer war. Ich wollte mein Kind auf keinen Fall schlagen, es nicht anschreien, ihm keine Angst machen. Ich wünschte mir so sehr, ganz anders zu sein. Ich las viele Bücher, machte eine Therapie und brach den Kontakt zu meinen Eltern ab. Und doch sind sie an manchen Tagen da, die Sätze meiner Kindheit. Sie sind in meinem Kopf, wollen sich den Weg über meine Lippen bahnen. Sätze in Situationen, in denen ich überfordert bin. Ich hatte nie ein gutes Vorbild als Mutter. [Es gibt] Situationen, in denen ich mich zurückhalten muss, um nicht grob zu meinem Kind zu sein. Ich habe mein Kind nie geschlagen und werde es hoffentlich nicht tun. Aber der Gedanke daran ist manchmal da. Ich hasse meine Mutter für diese Gedanken, für diese allgegenwärtigen Sätze, von denen ich weiß, wie sehr sie meinem Kind in der Seele wehtun würden. Ich hasse sie dafür, dass es mir an manchen Tagen so schwerfällt, so zu sein, wie ich eigentlich sein möchte.*

*Gastartikel auf geborgen-wachsen.de*

Peggy O'Mara, die ehemalige Herausgeberin der Zeitschrift »Mothering Magazine«, schrieb einmal sehr treffend: »Die Art, wie wir mit unseren Kindern sprechen, wird zu ihrer inneren Stimme.« Es sind die leisen Stimmen im Hinterkopf, die manchmal laut werden, insbesondere in Konfliktsituationen. Denn wie aus den vorangegangenen Kapiteln hervorgeht, rufen wir in schwierigen Situationen reflexartig ein Verhalten ab, das wir erlernt haben und das sich in unserem emotionalen Gehirn festgesetzt hat. Dort

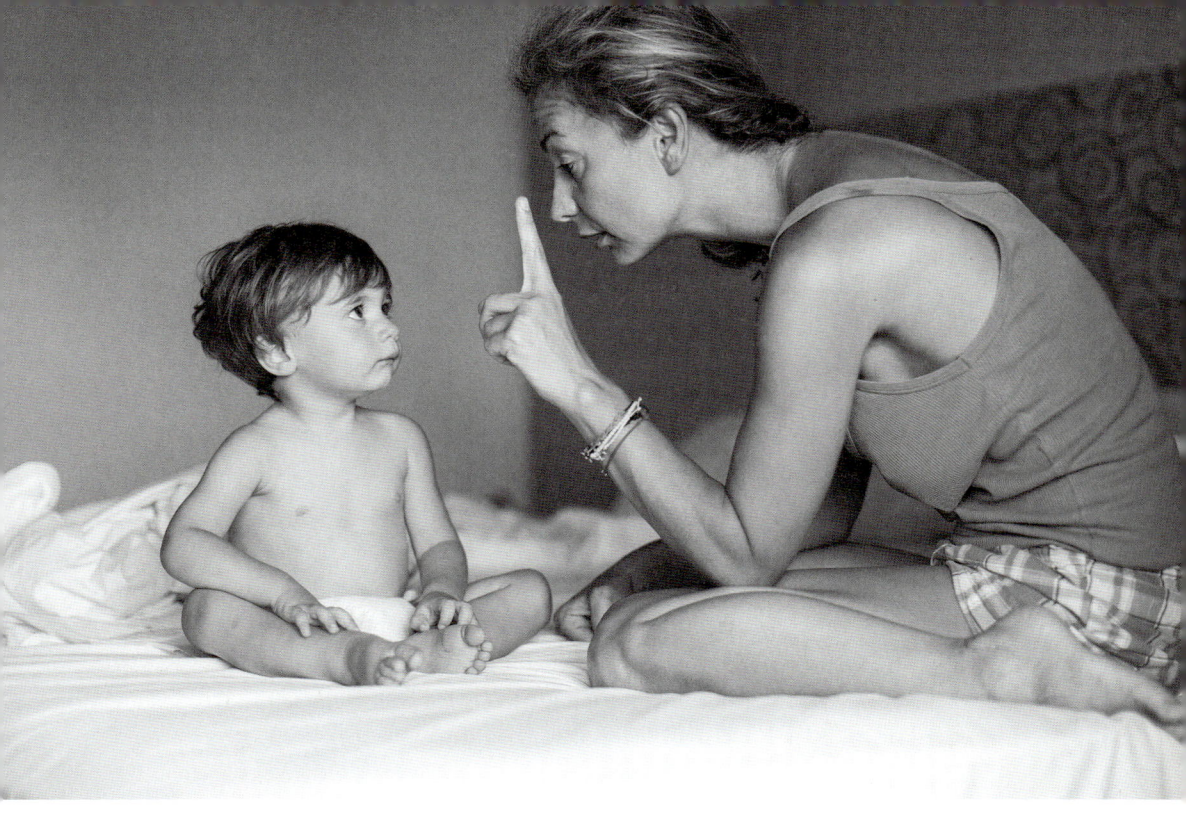

haben wir abgespeichert, wie auf eine solch emotionale Situation reagiert werden soll. Früher mussten Kinder gehorchen, sie durften keinen eigenen Willen zeigen, und wenn doch, so wurden Strafen eingesetzt, um diesen zu unterdrücken. Das Kind sollte sich einordnen. Der Gedanke von der Trotzphase als Machtspiel setzte sich über viele Generationen fort, um Kinder von Anfang an ihres Willens zu berauben und gefügig zu machen. Selbst wenn wir Eltern als Kinder nicht mehr harte Prügelstrafen erlebt haben wie unsere Elterngeneration, war Gewalt in anderen Formen dennoch oft gegenwärtig: sich schämen gehen, ein »Klaps« auf den Po, eine Ohrfeige. Wir haben verinnerlicht, dass kindliches Trotzverhalten mit allen Mitteln unterbunden werden muss.

## Alle lieben Pippi Langstrumpf – aber niemand will sie zur Tochter haben

Selbst dann, wenn wir sonst äußerst liebevoll mit unseren Kindern umgehen, geraten wir in Konfliktsituationen in eine Zwickmühle: Wir hören, was unser Kind sagt, und wollen eigentlich liebevoll reagieren, aber wir wissen nicht wie. Denn wir kennen keinen Handlungsweg, der unseren Vorstellungen entspricht, weil wir ihn selbst nicht erleben konnten. Auf einmal kehrt sich die Situation um und wir sind das Kind, das dort steht. Unser Kind schreit und wir werden mit uns selbst als schreiendem Kind konfrontiert. Wir sind verzweifelt und verunsichert und greifen auf das Muster zurück, das uns bekannt ist: Das kindliche Verhalten muss unterbunden werden. Vielleicht schaffen wir es, dies nicht mit körperlicher Gewalt zu tun. Manchen Eltern fällt das in diesen Situationen sehr schwer, selbst wenn sie sonst sanft und verständnisvoll sind. Sie reagieren immerhin ein wenig besser, aber noch immer gewaltvoll im Sinne der Unterdrückung oder Beschämung. Nicht, weil sie es wollen, sondern weil sie keinen anderen Handlungsweg kennen und verzweifelt nach einem Ausweg aus der Situation suchen.

Wir alle kennen Geschichten von Astrid Lindgren mit ihren wunderbaren Figuren wie Pippi Langstrumpf, Michel aus Lönneberga, Lotta aus der Krachmacherstraße. Unser eigenes inneres Kind erfreut sich an diesen Geschichten, wenn wir sie unseren Kindern vorlesen. Wir fiebern mit, bewundern, lachen. Aber wir erziehen unsere Kinder so, dass sie auf keinen Fall so werden wie die kleinen Heldinnen und Helden unserer Geschichten. Warum? Weil wir gelernt haben, dass wir es anders tun sollen. Weil diese verinnerlichten Stimmen mächtiger sind als das tiefe Gefühl in uns, das uns sagt, dass mit unseren Kindern schon alles in Ordnung ist und sie es eben nicht böse meinen.

Über Generationen hinweg haben wir gelernt, dass Kinder störrisch sind und ihr auflehnendes Verhalten unterbunden werden muss. Es wird höchste Zeit, das kindliche Bedürfnis nach Autonomie mit neuen Augen zu betrachten und es zu respektieren.

RECHTS *Nicht unsere Kinder sind trotzig, weil sie das gar nicht können, sondern wir Eltern beharren manchmal auf Dingen, die eigentlich nicht notwendig sind.*

## Die kindliche Entwicklung

# KINDER BRAUCHEN AUTONOMIE

. . . . . . . . . . . . . . . . . . . . . . . . . . . . . . . . . . . . . . . . . . . .

*Das Streben nach Eigenständigkeit und Selbstwirksamkeit ist bei unseren Kindern nicht erst in der Autonomiephase, sondern von Anfang an vorhanden. Dazu bringen sie noch ein Geschenk mit, das wir im anstrengenden Alltag der »Trotzjahre« nur allzu leicht übersehen: Sie wollen mit uns zusammenarbeiten. Tatsächlich wünschen sich unsere Kinder nichts anderes, als ihren Beitrag im Zusammenleben zu leisten. Doch manchmal sind ihnen dabei ihre Gefühle im Weg.*

# Autonomie und Selbstwirksamkeit

So wie wir annehmen, dass das kindliche Trotzverhalten ein Machtspiel ist, erliegen wir noch einem Irrtum: Wir glauben, dass die Autonomiephase erst mit zwei Jahren beginnt. In Wirklichkeit zeigen uns Kinder von Anfang an ihre Kompetenzen.

Während das Baby im ersten Lebensjahr noch selten für Situationen sorgt, die unseren Vorstellungen nicht entsprechen, werden diese Anlässe häufiger, je größer das Kind wird und je weiter es sich von uns fortbewegt. Dabei entspricht unsere Wahrnehmung des kindlichen Autonomiebedürfnisses meist nicht der Realität: Wir erkennen die Bedürfnisse des Kindes erst im Alter von eineinhalb oder zwei Jahren, wenn sie immer deutlicher von unseren eigenen Bedürfnissen abweichen.

Bis dahin wird jeder neue Kompetenzerwerb von uns Eltern positiv gesehen, hervorgehoben und voll Stolz gelobt. Doch wenn die Autonomie nicht mehr auf den Erwerb der motorischen Grundkompetenzen ausgerichtet ist, sondern sich mehr in den sozialen Bereich bewegt, wird es schwierig. Aus der Sicht des Kindes bedeutet dies eine große

Kehrtwende: Aus der positiven Umgebung der Babyzeit wird auf einmal eine Umgebung mit Verboten und Geboten. Für unser Kind ist das ein großer Einschnitt, der Konflikte mit sich bringt – obwohl das eigentlich nicht sein müsste.

Um Konfliktsituationen vorzubeugen, können wir das Selbstständigkeitsstreben unserer Kinder zu jeder Zeit im Alltag einbinden und so gemeinsam mit ihnen wachsen.

## Was ist Selbstwirksamkeit?

*Autonomie und Selbstständigkeit sind wichtige Zutaten dafür, dass das Kind Selbstwirksamkeit entwickeln kann. Darunter versteht man die innere Überzeugung des Kindes, selbst wirksam sein zu können: Es glaubt daran, dass es das, was es sich vornimmt, auch umsetzen kann.*

*Zu dieser Überzeugung gelangt es, wenn wir ihm positive Lernerfahrungen ermöglichen. Es erfährt, dass es aus eigener Kraft zu laufen beginnen kann. Es meistert den ersten Treppenaufstieg alleine, singt zum ersten Mal ein Lied vollständig oder malt den ersten Kopffüßler für uns auf Papier. In solchen Augenblicken sehen wir den Stolz des Kindes in seinen Augen: Es hat etwas erreicht, das es sich selbst vorgenommen hat – durch sein eigenes Tun und ohne die Hilfe eines Erwachsenen. Das Kind kann zu Recht stolz auf sich sein und wir können die Leistung– so unbedeutend sie vielleicht auch aus unserer Erwachsenenperspektive erscheinen mag– mit einem Lächeln und mit Anerkennung würdigen.*

*Erlebt das Kind sich selbst als wirksam, geht es auch offen und mutig an neue Situationen heran und ist weniger angewiesen auf andere Personen. Diese innere Überzeugung trägt viel zum Gelingen bei. Für die Autonomiephase ist es von großer Bedeutung, dass Kinder sich als selbstwirksam erleben können.*

# Entwicklung nach dem inneren Bauplan

**Die Entwicklung unserer Kinder erfolgt von Anfang an nach einer Art innerem Bauplan. Danach baut jeder Schritt auf einem anderen auf. Doch wann ein Kind dabei welchen Entwicklungsschritt unternimmt, ist recht unterschiedlich.**

Der Schweizer Kinderarzt Remo Largo hat sehr treffend festgestellt, dass sich die Entwicklung von Kindern immer gleichzeitig durch Einheit und Vielfalt auszeichnet. Manche Kinder laufen schon mit zehn Monaten, andere erst mit 18 Monaten. Manche Kinder, die früher laufen, lernen später sprechen, manche sind früh sehr weit sozial entwickelt und legen erst spät die Windel ab. Doch entscheidend ist – in einem gewissen Rahmen – nicht, WANN ein Kind einen bestimmten Meilenstein erklimmt, sondern DASS es alle Meilensteine nach seinem individuellen Tempo und im notwendigen Ablauf erklimmen darf.

Freude, Neugier und Abenteuerlust sind die Motoren der kindlichen Entwicklung. Diese bringt das Kind von selbst mit, ohne dass wir es dazu bewegen müssen. Es ist von sich aus gewillt, die Welt mit allen Sinnen kennenzulernen. Unsere Aufgabe besteht nur darin, ihm eine Umgebung anzubieten, in der das möglich ist. Dies bedeutet, dass es ein Umfeld vorfindet, das anregungsreich, aber nicht überfordernd ist. In diesem Umfeld soll sich das Kind nach seinen eigenen Bedürfnissen entwickeln können. Es kann seinen Drang nach Selbstständigkeit ausleben.

## Zone der nächsten Entwicklung

»Wenn wir also untersuchen, wozu das Kind selbstständig fähig ist, untersuchen wir den gestrigen Tag. Erkunden wir jedoch, was das Kind in Zusammenarbeit zu leisten vermag, dann ermitteln wir damit seine morgige Entwicklung.«
Lew Wygotski

Diesen Begriff hat der russische Psychologe Lew Wygotski geprägt: »Das Gebiet der noch nicht ausgereiften, jedoch reifenden Prozesse ist die Zone der nächsten Entwicklung des Kindes.« Oft betrachten wir im Alltag mit unserem Kind besonders die Dinge, die das Kind schon kann. Wir haben keinen Blick dafür, was als nächste große Entwicklungsaufgabe ansteht, weil wir mit der kindlichen Entwicklung und ihrem Ablauf nicht vertraut sind und weil die Verfeinerungen der Fertigkeiten mit zunehmendem Alter der Kinder auch weniger augenscheinlich sind: Vom Krabbeln zum Stehen ist es ein großer Schritt, von einem wackelig ausgeschnittenen Kreis zu einem Fensterstern erscheint der Fortschritt weniger offensichtlich.

Doch Kinder sind nicht nur im Hier und Jetzt verankert, sondern wollen an den Herausforderungen wachsen. Deswegen ist es so wichtig, dass wir ihnen nicht nur eine Umgebung mit Spielmöglichkeiten bieten, die zu ihrem Alter passen. Sie brauchen immer auch ein wenig Herausforderung, an der sie arbeiten können.

Wenn wir im Blick behalten, was das Kind schon kann, können wir in den Alltag Aufgaben einbinden, die das Kind noch nicht allein bewältigen kann, an denen es aber

Interesse hat. So bieten wir einen Entwicklungsraum, in dem das Kind seine Selbstständigkeit optimal erproben kann.

Dabei sind wir Eltern nur Wegbegleiter, wie es auch schon Maria Montessori ausgedrückt hat: »Hilf mir, es selbst zu tun. Zeig mir, wie es geht. Tu es nicht für mich, ich kann und will es alleine tun. Hab Geduld, meine Wege zu begreifen.« Auf diese Weise lernt das Kind spielerisch neue Fertigkeiten und kann diese in der Zukunft selbst anwenden. Gleichzeitig haben wir dem Kind eine neue Fertigkeit ermöglicht, um die wir uns nicht mehr sorgen müssen.

Was Kinder für ihre Selbstständigkeit also brauchen, ist immer ein kleines bisschen Herausforderung, die wir ihnen gönnen sollten. Raum zum Selbermachen, für Lernen und Neugierde sind wichtige Begleiter unserer Kinder – das war eigentlich schon vor Jahrzehnten bekannt.

## Kinder im Alltag beteiligen

Kinder im Alltag zu beteiligen und ihnen die Möglichkeit zu geben, verschiedene Dinge selbstständig zu lernen, kann ganz einfach sein, wenn wir die Welt mit ihren Augen sehen. Mit einigen kleinen Anpassungen können wir für unsere Kinder Orte schaffen, an denen sie selbstständig agieren können – ohne dass sie die Eigenständigkeit erst lautstark einfordern müssen:

- In der Küche können Kinder einen eigenen kleinen Arbeitsplatz haben, an dem sie bei der Essenszubereitung teilnehmen. Schon mit zwei Jahren kann ein Kind mit einigen Küchenmaterialien umgehen: Deshalb sind zum Beispiel Kindermesser, Gemüse- und Apfelschäler sinnvolle Anschaffungen. Selbst gemacht schmeckt das Essen außerdem noch viel besser!
- Ein Lernturm oder Learning Tower bringt Kinder sicher auf Augenhöhe mit den Vorgängen in der Küche oder im Bad. So können sie aktiv am Alltagsgeschehen teilnehmen.

Es gibt noch viele andere Bereiche, in denen Kinder im täglichen Ablauf ihre Selbstständigkeit erproben dürfen und sollen.

## Selber machen!

**Selbstständige Körperpflege:** Auch wenn es so langsamer geht, ist es für das Kind wichtig, die Reinigung des Körpers selbst zu erlernen. Schon Babys sollten sich mit einem Lappen beim Windelwechsel abwischen dürfen. Größere Kinder können mithilfe eines Lernturms oder Hockers am Waschbecken stehen oder bekommen eine kleine Schüssel mit Wasser und Lappen auf einen Hocker gestellt, um sich selbst zu waschen.

### Dauerstreitthema: Zähneputzen

*Der Zwerg wollte nicht mehr Zähne putzen und ich verfiel zunächst in die elterliche Fürsorgepflicht, für gute Zähne verantwortlich zu sein und dass die Zähne geputzt werden müssen. Aber auch hier: Zwang bringt nichts und verschlimmert die Situation nur. Was hat also geholfen? Der Hintergrund für das Kind ist wie so oft, gesehen und geachtet zu werden und gerade bei der eigenen Pflege selbst entscheiden zu können. Immerhin bekommt es hier in seinem Mund herumgeschrubbt. Es hilft also allen, auch mal das Zähneputzen sein zu lassen, wenn das Kind wirklich überhaupt nicht will. Oft ist das Kind auch einfach schon hundemüde und wir müssen unseren Tag umstrukturieren, das Zubettgehen früher einleiten. Es sieht, dass seine Entscheidung respektiert wird. Es hilft, dem Kind zu erklären, warum wir*

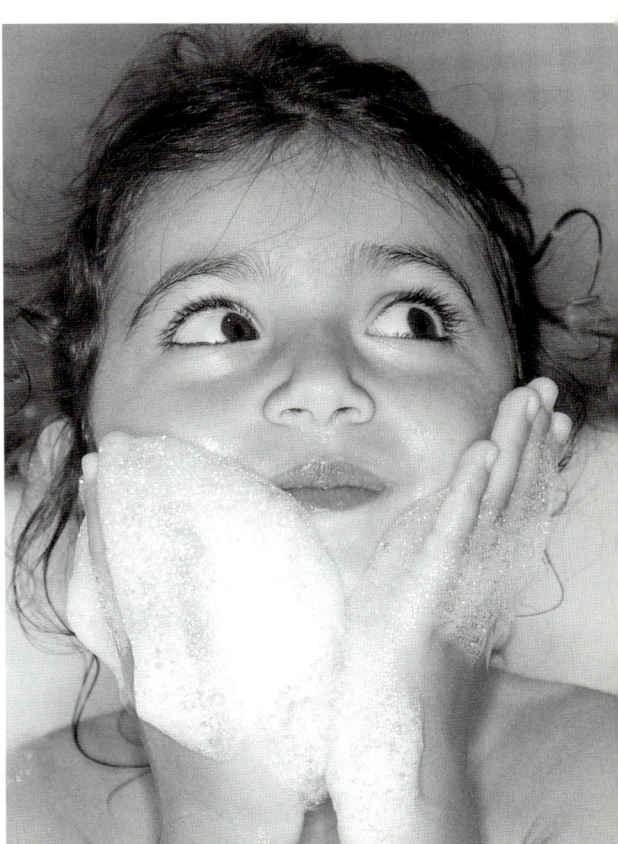

UNTEN *Sich eigenständig zu waschen, ermöglicht dem Kind nicht nur Eigenständigkeit, es bekommt auch ein besseres Gespür für seinen Körper.*

*putzen wollen und müssen. Bei manchen Kindern helfen Zahnputzlieder, bei man-*
*chen das gegenseitige Putzen, bei manchen einfach nur der veränderte Ablauf an sich.*
*Ich wollte gerne vor dem Umziehen Zähne putzen, damit nicht der Schlafanzug mit*
*Zahnpasta beschmutzt wird bzw. das Tagesoutfit. Der Zwerg wollte sich unbedingt*
*erst umziehen, alles Erklären half da nichts. Ich musste also seinen Weg akzeptieren,*
*wenn ich wollte, dass er seine Zähne ohne Zwang putzt. Ich werfe seitdem ein Hand-*
*tuch über ihn und somit wird die Kleidung auch nicht dreckig. Zähneputzen funktio-*
*niert seitdem wunderbar!*

*Sabrina von wunschkind-herzkind-nervkind.blogspot.de*

**Selbst anziehen:** Kinder müssen auch lernen, sich selbst anzuziehen, und verbessern dadurch ihre Feinmotorik und Körperwahrnehmung. Schränke und Schubladen mit Kinderkleidung sollten daher für das Kind erreichbar und gut strukturiert sein. Kleine Kisten, jeweils für Socken, Unterhosen, Unterhemden, erleichtern das Zurechtfinden. Für den Anfang kann es hilfreich sein, ein kleines Bild zu malen mit den Kleidungsstücken und der richtigen Anzahl, die das Kind jeden Tag braucht. Vielleicht passen die Sachen nicht immer zusammen, aber das Kind erfreut sich daran, es selbst zu tun.

**Mithilfe im Haushalt:** Wäsche aufhängen, abnehmen, Socken sortieren und zusammenrollen: All das sind Aufgaben, an denen kleine Kinder ganz natürlich teilhaben können. Sogar Wischmopp, Handfeger und Kehrblech gibt es in Kindergröße. Sie können nicht nur im Puppenspiel eingesetzt werden, sondern als richtige Unterstützung im Alltag. Wenn Kinder früh mitmachen dürfen, müssen sie später nicht mühsam überredet werden. Die Mitarbeit im Haushalt sollte von Anfang an ganz natürlich sein.

**Selbst essen:** Manchmal sind Erzieherinnen überrascht, wenn Zweijährige in die Kita kommen und noch nicht selbstständig essen können. Auch hier ist es wichtig, dass Kinder früh beteiligt werden: Schon im ersten Babyjahr sollten Babys an geeignetem Essen wie Gemüsesticks selbst knabbern dürfen. Auch Kinderbesteck, das sie in ihren kleinen Händen gut halten können, sollten wir ihnen spätestens mit einem Jahr auf den Tisch legen. Zweijährige können mit etwas Hilfe ihre Brote selbst schmieren. Aus kleinen Kannen können sie sich Wasser selbst eingießen.

All dies sind Möglichkeiten, wie Kinder im Alltag beteiligt werden KÖNNEN. Dabei sollten wir jedoch auch beherzigen, dass sie es in den ersten Jahren noch nicht MÜSSEN. Wenn wir ein Müssen voraussetzen, können sie sich nämlich in der Ressource »Zuwendung durch Mama und Papa« zurückgesetzt fühlen und deswegen ihren Unmut mit Schreien und Weinen und Widerstand zeigen. Selbstständigkeit im Alltag ist wie eine Tür, die immer offen steht, aber nicht benutzt werden muss.

· · · · · · · · · · · · · · · · · · · · · · · · · · · · · · · · · · · · · · · · · · · · · · · · · · · · · · · ·

## Dem morgendlichen »Was zieh ich an?« entgehen

*Wir kennen es alle, gerade Kinder im Alter von 1,5 bis 4 Jahren möchten eigenständig und autonom die Welt entdecken und vor allem alles alleine machen. Jede Mutter kennt die manchmal nervenaufreibende Anzieh-Situation am frühen Morgen. Die Kinder möchten beispielsweise in Schlafanzug, Rock und Gummistiefeln in die Kita. Oder aber wählen Kleidung, die offensichtlich nicht zueinanderpasst. Ich erziehe meine Kinder sehr frei, allerdings mit der einen oder anderen Regel, so haben sie auf der einen Seite Halt, etwas Verlässliches, und auf der anderen Seite das Gefühl, dass sie mit ihren Wünschen ernst genommen werden und sie auch durchsetzen dürfen.*

*Mein Tipp: Wir haben nur Kleidung im Kleiderschrank, die farblich zueinanderpasst, so wirken Ringel, Punkte, Kleider über Hosen und Gummistiefel gleich nicht mehr ganz so durcheinander. Das Kind fühlt sich in seiner freien Entscheidung wertgeschätzt und darf alleine aussuchen, wie es vor die Tür gehen möchte. Unsere Regel: Wir gehen im Winter nur mit Jacke, Mütze und Schal vor die Tür. Sollte mein Kind es doch anders verlangen, begebe ich mich auf Augenhöhe mit meinem Kind, erkläre, warum es wichtig ist, sich warm anzuziehen, gehe als gutes Beispiel voran und tadle meinen Mann, wenn er es nicht tut. Ich nehme mir die Zeit und gehe mit meinem Kind ohne Jacke vor die Tür, um ihm aufzuzeigen, dass es ohne Jacke zu kalt ist. Dieses Gespräch zwischen Mutter und Kind und die kalte Erfahrung haben meinen Kindern gezeigt, dass ich in diesem Punkt an den folgenden Tagen nicht diskutiere, sondern eine klare, verlässliche Ansage mache. So verstehen meine Kinder mein Handeln.*

*Rebecca Lina von www.elfenkindberlin.de*

# Nein-Umgebung und Ja-Umgebung

*Unsere Kinder benötigen für eine gesunde Entwicklung die Möglichkeit, sich auszuprobieren. Und dies erfordert von uns Eltern, dass wir ihnen persönlich und räumlich die Möglichkeit dazu geben.*

Sobald unser Kind sich fortzubewegen beginnt, beherrscht ein neues Wort unseren Sprachgebrauch, das wir vorher kaum verwendet haben: »Nein!« Noch bevor das Kind dieses Wort ein ums andere Mal uns gegenüber verwendet, benutzen wir es selbst. Gerade eben noch wurde jede neue Fertigkeit freudestrahlend begrüßt: das erste Lächeln, das erste laute Lachen, das erste Greifen nach einem Spielzeug. Doch wenn das Baby mit der Fortbewegung beginnt und den Raum erkunden möchte, stößt es auf Verbote: Nein, nicht die Steckdose, nicht die Schublade ausräumen, nicht an der Decke ziehen und bitte nicht die Erde aus dem Blumentopf entfernen! Die freudigen Touren, die das Kind nun unternimmt, werden nicht selten durch eine verärgerte Stimme gebremst. Die Erde bleibt im Topf – doch was ist mit der Entdeckungsfreude?

# Nein bedeutet Nein

Kognitiv ist das Baby noch nicht in der Lage zu denken: Was darf ich denn überhaupt? Aber es kann emotional die Frustration darüber spüren, dem dringenden Bedürfnis nach dem Be-greifen der Welt nicht nachkommen zu können. Und schon im Babyalter zeigen Kinder ihren Unmut über die Behinderung der Entdeckungsfreude mit einem Verhalten, das dem der Zweijährigen ähnelt: Sie schreien auf, klammern sich an die verbotenen Dinge, werfen sich vornüber oder schlagen wild mit den Armen. Doch sie lassen sich noch leichter ablenken als in späteren Jahren und ein offener Filzstift kann schnell ersetzt werden durch ein spannendes Babyspielzeug.

Doch wenn wir feststellen, dass solche Situationen nun öfter vorkommen, lohnt sich ein Blick in die Umgebung des Kindes: Nicht, dass wir unsere ästhetischen Ansprüche für die nächsten Jahre begraben und unsere Wohnung in ein buntes Kinderspielparadies verwandeln müssten. Aber wir können nach den großen Nein-Quellen suchen und sie reduzieren. Alle lassen sich allerdings kaum entfernen, weshalb Konsequenz gefragt ist – von uns Eltern, nicht von den Kindern! Als Elternpaar sollten wir klar darin übereinstimmen, was alles »Nein« ist. Ein »Bei Mama ist die Topfpflanze verboten, bei Papa nicht« verwirrt die Kinder und behindert ihr Verständnis.

## Das Kind aus der Situation herausnehmen

Wir können auch nicht erwarten, dass ein einmal ausgesprochenes Nein sofort verstanden und verinnerlicht wird. Selbst dann, wenn Kinder das Wort und seine Bedeutung verstanden haben, ist ihr innerer Wille nach Erkunden so groß, dass sie ihm oft nicht widerstehen können. Aus der Sicht von uns Eltern ist es deswegen wichtig, dass wir die (wenigen)

Wie oft am Tag sagst du Nein zu deinem Kind? Ein Nein schränkt dein Kind ein, viele Neins belasten die Beziehung. Wenn wir die Ursachen beheben, können wir entspannter sein.

Neins, die wir aussprechen, auch konsequent einfordern. Solange das Kind noch klein ist, bedeutet dies auch, dass wir das Kind aus der Situation herausnehmen, das heißt beispielsweise von der geöffneten Schublade wegtragen, die es gerade ausräumen wollte.

Es macht keinen Sinn, in einer solchen Situation mit dem Kind zu schimpfen oder es gar zu bestrafen, da es noch kein richtiges Verständnis für die Bedeutung des Wortes »Nein« hat. Es soll zunächst ausschließlich lernen, dass »Nein« bedeutet, eine Handlung zu beenden. Und dies erfährt es nur, wenn wir ihm dies vormachen und den Anreiz entfernen.

## Nein-Quellen entfernen: So geht es

Räume sollten aus der Höhe des Kindes betrachtet werden: Was kann das Kind sehen, was reizt es, es näher zu erkunden? Wo sind gefährliche Sachen erreichbar?

Steckdosen müssen gesichert werden, Medikamente, Spülmittel und andere Haushaltsreiniger müssen weggeschlossen werden.

Faustregel: Nichts, was durch eine Toilettenpapierrolle passt, ist für Babys und Kleinkinder geeignet, solange sie noch viele Dinge in den Mund stecken, die sie verschlucken oder an denen sie sogar ersticken könnten. Bis zum Alter von fünf Jahren ist der Mundbereich die Region, mit der das Kind besonders gut fühlen kann, weshalb es auch in späteren Jahren noch gerne Sachen in den Mund steckt.

Tischdecken können leicht zu einer Unfallquelle werden, wenn daran gezogen wird. Tischläufer sind eine einfache Alternative, um dem »Nein!« vorzubeugen.

## Elternbedürfnisse werden wieder wichtig

*Auch emotional entwickelt sich im Laufe der Zeit eine Art Nein-Haltung, wenn wir allmählich weniger prompt die Bedürfnisse unseres Kindes erfüllen und mehr Selbstständigkeit erwarten. Während das Baby vielleicht im ersten Jahr noch selbstverständlich in den Schlaf gestillt wurde und wir am Abend manchmal viel Zeit beim Kind verbrachten, wird unsere Bereitschaft für stundenlange Einschlafbegleitung mit zunehmendem Alter geringer. Unsere Prioritäten verlagern sich allmählich wieder etwas, was auch hormonell bedingt ist.*

*Natürlich spürt das Kind diese Veränderung, kann sie aber nicht nachvollziehen und reagiert darauf entsprechend mit Einforderung des gewohnten Verhaltens. Nun liegt es an uns Erwachsenen, emotional eine Situation zu schaffen, in der das Kind einerseits erfährt, dass wir es sehen und beachten, andererseits jedoch auch für unsere eigenen Bedürfnisse einstehen und diese nicht bei einem vehementen Wutausbruch zurückstellen. Auch emotional gibt es, wie auch sonst im Alltag, natürliche Neins, die bestehen bleiben. Diese Grenzen sollten unsere Kinder respektieren lernen, indem wir dafür einstehen und gleichzeitig unser Verständnis für ihre Frustration und unsere Zuwendung anbieten.*

# Emotionen von Angst bis Zorn

Obwohl viele Bereiche der Entwicklung durch das Kind selbst gesteuert werden und es dafür »nur« die passenden Rahmenbedingungen benötigt, gibt es einen Bereich, den Kinder vorerst nicht ohne unsere Unterstützung regulieren können: ihre Emotionen.

Lange Zeit sind Kinder darauf angewiesen, dass wir von außen ihre Gefühle in die richtigen Bahnen lenken, insbesondere die negativen Gefühle. Überlassen wir dies nämlich dem Baby oder Kleinkind, findet es keinen Ausweg: Zunächst zeigt es leichte Signale des Unbehagens, dann weint und schreit es immer stärker. Es steigert sich nicht hinein, wie es früher oft ausgedrückt wurde, sondern findet nicht heraus. Das ist ein großer Unterschied, denn auch hier geht es wieder darum, dass das Kind dieses Verhalten nicht mit Absicht zeigt. Im Gegenteil: Ihm ist sehr wohl daran gelegen, die negativen Gefühle abzustellen – aber es weiß nicht wie. Es schreit und weint immer mehr, es werden Stresshormone ausgeschüttet, das Kind hat Angst, ja sogar Panik. Es wird rot, schwitzt und zappelt. Der ganze kleine Körper ist in Aufruhr.

# Warum das Beruhigen so wichtig ist

Ein solcher innerer Zustand muss unglaublich anstrengend sein. Das Kind findet von sich aus keinen Ausweg aus der Situation, weil es das ursprüngliche Problem, das es in Angst versetzt hat, nicht selbst lösen kann. Kognitiv ist es gleichzeitig nicht dazu in der Lage, sich zu sagen: »Du brauchst keine Angst zu haben, Mama kommt ja gleich wieder!« oder »Papa wird gleich etwas zu essen bringen, ich werde nicht verhungern!«. Es ist gefangen in der Panik.

Irgendwann ist das Kind völlig überfordert von der stressauslösenden Situation und hört unvermittelt auf mit seinen Notsignalen. Doch nicht deshalb, weil es sich selbst beruhigen konnte, sondern weil es überfordert ist. Es zeigt keine Reaktion mehr, weil niemand es beruhigen konnte und das Gehirn in letzter Notfallreaktion die Reaktionsmechanismen heruntergefahren und Schmerz und Angst ausgeschaltet hat. Das Kind ist still oder schläft ein.

Man könnte nun denken: Na gut, dann hat es sich ja doch beruhigt. Doch das hat es nicht, auch wenn es äußerlich so scheinen mag. Sein Gehirn hat die negative Erfahrung und fehlende Unterstützung abgespeichert und bei häufigen Situationen wie dieser kann das zu langfristigen Folgen führen: Das Stresshormon Cortisol, das dabei ausgeschüttet wird, wirkt auf viele Bereiche des Körpers, unter anderem das Nervensystem, das langfristige Schäden davontragen kann. Im zentralen Nervensystem beispielsweise kann es zu einer Potenzierung von Angst kommen: Kinder, die häufiger unter Stress stehen, entwickeln langfristig eine Art Grundanspannung und sind sehr leicht erregbar. Sogar die Lernfähigkeit und das Wachstum können gestört werden und durch die Auswirkungen des Cortisols auf das Immunsystem sind die Kinder häufiger krank.

Babys oder Kleinkinder nicht zu beruhigen und sich selbst zu überlassen (beispielsweise bei Schlaflernprogrammen), hat daher schädli-

Kinder steigern sich nicht in Trotzsituationen hinein, sondern finden nicht selbstständig heraus.

che Auswirkungen – und zwar nicht nur auf unsere Kinder, sondern letztlich auch auf uns Erwachsene, da wir zukünftig mit den negativen Folgen unseres Versäumnisses leben müssen. Die besagte Grundanspannung führt nämlich dazu, dass wir uns viel häufiger mit Konfliktsituationen beschäftigen müssen.

## Wie Kinder lernen, sich zu regulieren

Babys und Kinder sind aus diesem Grund bis ins Vorschulalter auf eine Regulation durch uns Erwachsene angewiesen. Denn erst nach und nach entwickeln sie aus Erfahrung eigene Möglichkeiten, mit stressigen Situationen umzugehen. Damit sie das können, sind sie wieder auf die schon erwähnte Zusammenarbeit des limbischen Systems und des Neocortex ange-

*OBEN Kleine Kinder brauchen die Hilfe ihrer Eltern, um sich in Wutsituationen zu beruhigen.*

wiesen (siehe Seite 21). Funktioniert diese Zusammenarbeit, können sie stressauslösende Situationen vorab erkennen und entsprechend vermeiden (»Nein, ich möchte dort nicht hingehen!«), sich mithilfe eigener Beruhigungsstrategien selbst beruhigen (»Ich brauche jetzt meine Schnuffeldecke!«) oder bewusst Hilfe einfordern (»Mama, ich will jetzt kuscheln!«).

Welche Strategien unser Kind zur Beruhigung lernt, hängt dabei von uns ab und auch davon, wie gut sich sein Gefühl für die eigenen Bedürfnisse ausbildet. Zunächst erfährt das Kind von uns, ob eine Situation ängstigend oder normal ist. Selbst hat es noch nicht genügend Erfahrungen in dieser Welt gemacht, weshalb es darauf angewiesen ist, aus unserer Gestik und Mimik zu erkennen, wie es sich verhalten soll. Schon Neugeborene ahmen die Mimik des Gegenübers nach und auch größere Kinder blicken gerne in die Gesichter der Bezugspersonen, wenn eine Situation fremd für sie ist: Blickt Mama ängstlich, ziehe ich mich zurück. Lacht Mama, lache ich auch.

Spiegelneurone bewirken, dass das Kind die abgebildeten Gefühle der Bezugspersonen spiegelt. Wichtig ist hier, dass wir Erwachsenen die richtigen Signale vermitteln. Wenn eine Situation wirklich ungefährlich ist, entwarnen wir mit unserem Blick. Hat das Kind aber Angst oder Schmerzen, beispielsweise weil wir es in eine falsche Körperhaltung oder in eine Situation bringen, die für das Kind gefährlich erscheint, und wir dabei lachen, kann das Kind ein falsches Bild von sich entwickeln. Manche Eltern spielen mit den Kindern Spiele, die diesen gefährlich erscheinen: Sie hoch in die Luft werfen oder sie fallen lassen und in letzter Sekunde auffangen – nicht für jedes Kind sind das schöne Erlebnisse. Zwar lernt das Kind dabei zu lachen, weil es die Mimik des Erwachsenen spiegelt, aber nicht, weil es von sich aus Freude daran hat. Es erfährt: Ich habe zwar Angst, aber meine Mama oder mein Papa lacht, also muss ich auch lachen und mein Gefühl ist falsch.

So unterbinden wir eine für die kindliche Entwicklung (und das gesamte Leben) wichtige Grundlage: das Vertrauen in die eigenen Gefühle. Die persönlichen Bedürfnisse und Grenzen des Kindes werden übergangen, stattdessen soll es sich denen der Eltern anpassen. In den ersten Jahren kann ein Kind jedoch die Perspektive der Eltern noch nicht einnehmen. Es versteht nicht, dass in der Situation wirklich keine Gefahr vorliegt. Es passt sich an und kooperiert – entgegen den eigenen Bedürfnissen.

Dadurch wird es dem Kind jedoch erschwert, in anderen Situationen gut für sich zu sorgen und angemessen zu reagieren – wie wir es eigentlich erwarten. Es lernt nicht, stress- und angstauslösende Situationen richtig einzuschätzen, und hat deswegen auch Schwierigkeiten, sich später selbst zu regulieren. Deswegen ist es wichtig, dass nicht nur das Kind in unserer Mimik liest, sondern auch wir in der des Kindes: Hat es Angst, reagieren wir angemessen darauf, indem wir die Angst wahrnehmen, benennen und Sicherheit vermitteln – selbst dann, wenn wir die Situation nicht als beängstigend einschätzen. Auf diese Weise lernt das Kind von uns, Situationen richtig zu bewerten.

# Der Umgang mit starken Emotionen

*Von Anfang an können Kinder ihre Bedürfnisse ausdrücken und wir Eltern lernen nach und nach, sie zu verstehen und darauf richtig zu reagieren. Parallel lernt auch das Kind, mit seinen Bedürfnissen und Gefühlen umzugehen – das dauert aber einige Jahre.*

## Babys im ersten Lebensjahr

Babys teilen sich durch Signale mit. Mit Gestik und Mimik drücken sie Zustände wie Hunger, Durst oder Überreizung aus. Reagieren wir nicht auf die Signale, etwa weil wir sie nicht verstehen, verlangen sie durch Weinen und Schreien unsere Hilfe.

Im ersten Lebensjahr bilden Kinder nach und nach Objektpermanenz aus: Sie wissen, dass Objekte oder Personen auch dann noch existieren, wenn sie gerade nicht sichtbar sind. Deswegen sind sie mit zunehmendem Alter auch schwerer ablenkbar. Denn sie möchten nicht irgendein Spielzeug haben, sondern ein ganz bestimmtes. Sie brauchen daher noch unsere Unterstützung, wenn ein Wunsch von ihnen nicht in Erfüllung geht.

# Kleinkinder

Im Kleinkindalter lernt das Kind auch, dass andere Menschen eigenständige Personen mit eigenen Bedürfnissen und Wünschen sind. Anfangs überträgt es dabei noch seine Gedanken und Wünsche auf andere und ist überrascht, dass ein anderes Kind nicht bereitwillig die Schaufel abgeben möchte, obwohl es sie doch haben will. Oder es nimmt an, dass ein anderes Kind dasselbe Spielzeug haben möchte wie es selbst, und verteidigt dieses schon, wenn sich das andere nur in die Nähe des begehrten Objekts begibt. Dieses Verteidigen ist dabei oft noch sehr handgreiflich. »Siehst du nicht, dass deine Schwester das nicht will?«, fragen wir unser Kind, das die Grenzen des Gegenübers überschreitet. Tatsächlich nimmt das Kind das noch nicht wahr. Wir sollten ihm deshalb sagen, dass andere Menschen andere Vorstellungen und Wünsche haben. Das kann es zwar noch nicht nachvollziehen, aber eine solche Erklärung ist ein gutes Kommunikationsmittel – auch für uns Eltern, weil wir so die Gefühle des Kindes besser einordnen können.

Überhaupt nimmt die Sprache in der Autonomiephase eine wichtige Rolle ein: Das Kind erwirbt gerade jetzt die Sprache und ist mit vielen Wörtern noch nicht vertraut. Es filtert aus langen Sätzen die Wörter heraus, die es schon kennt, und erschließt sich so die Bedeutung. Doch sprachliche Feinheiten und komplexe Strukturen sind einem Kleinkind noch nicht vertraut. Deswegen ist es wichtig, verständlich mit ihm zu sprechen (siehe Seite 88 ff.).

Umgekehrt ist es für Kinder schwierig, dass sie oft keine Worte finden für das, was sie sagen möchten. Denn auch wenn sie schon viele Wörter verstehen, können sie noch nicht alle aktiv anwenden. Dieses eingeschränkte Ausdrucksvermögen führt im Kleinkindalter oft zu Schwierigkeiten, besonders wenn das Kind von Gefühlen übermannt wird und sie nicht ausdrücken kann.

Wie wir in Kapitel 1 gesehen haben, ist der Neocortex für das analytische Denken zuständig. Dort werden Situationen eingeschätzt und das angemessene Verhalten ausgewählt. Doch dieser Bereich der Kontrolle und des Nachdenkens ist bei Kleinkindern noch nicht so ausgebildet wie bei uns Erwachsenen. Kleinkinder reagieren deswegen reflexartig über die Gehirnstrukturen, die bei ihnen schon besser ausgebildet sind, beispielsweise einen Teil des limbischen Systems, das »emotionale Gehirn«, das allerdings nicht lange abwägt, sondern impulsiv und instinktiv handelt und so die Grundbedürfnisse des Kindes vertritt. Das bedeutet in Konfliktsituationen: hauen, beißen, wegrennen, schreien.

Kleinkinder können ihre Reaktion auf ein für sie emotionales Ereignis noch nicht kontrollieren. Impulskontrolle müssen sie in den nächsten Jahren erst lernen, damit sie in einer Situation überlegt reagieren können.

Deswegen hat es auch keinen Sinn, ein Kleinkind wegen seines Verhaltens auszuschimpfen oder zu bestrafen. Je nach Temperament reagiert ein Kind in schwierigen Situationen mehr oder weniger heftig. Unsere Aufgabe ist nicht, es zu bestrafen, sondern unsere Aufmerksamkeit auf das Ziel der Reflexhandlung zu richten: Wenn wir wissen, dass unser Kind zubeißt oder schlägt, wenn es sich in die Enge getrieben fühlt, müssen wir sein Gegenüber vor der Attacke schützen. Es nützt nichts, immer wieder zu betonen, dass das Kind nicht beißen oder lieber verhandeln soll. Das Kind kann sein reflexartiges Verhalten in der konkreten Situation nicht ändern.

## Impulskontrolle will gelernt sein

Erst nach und nach gelingt es dem Kind aufgrund der Gehirnreifung und mit einiger Übung, die Impulse zu kontrollieren. Wenn wir es begleiten, können wir ihm im Alltag die Möglichkeit geben, das zu lernen.

Im Gegensatz zu Babys, deren Bedürfnisse noch unaufschiebbar sind, können Kleinkinder schon etwas warten, bis sie ihre Wünsche erfüllt bekommen. »Warte, ich räum das noch weg, dann lese ich dir vor.« Solche Situationen helfen dem Kind zu lernen, dass sich Bedürfnisse kurz aufschieben lassen.

Wichtig ist nur, dass wir nicht in die »Ja, gleich!«-Falle tappen und unsere Kinder immer wieder vertrösten. Ein Versprechen mit einer nachvollziehbaren Zeitangabe muss auch eingehalten werden. Untersuchungen haben gezeigt, dass Kinder, die sich der Erfüllung ihrer Bedürfnisse sicher sind, diese auch gut aufschieben können.

OBEN *Wenn Kinder schlagen, beißen und treten, hat das noch lange nichts mit Bösartigkeit zu tun. Sie müssen erst lernen, ihre Impulse zu kontrollieren.*

Menschen mit guter Impulskontrolle sind im Erwachsenenleben erfolgreicher. Neben dem Aufschieben, das sich nach und nach entwickelt, können wir unserem Kind auch beibringen, sein Bedürfnis anders auszuleben: Statt ein anderes Kind zu hauen oder zu beißen, kann es laut schreien oder mit den Füßen stampfen – die Gefühle muss es ausdrücken dürfen. Besonders wichtig ist das für Kinder, die dazu neigen, sich selbst zu verletzen, wenn die Emotionsflut sie überwältigt. Nicht selten schlagen Kinder dann mit dem Kopf an die Wand oder auf den Fußboden, hauen oder beißen sich. Auch das ist im Kleinkindalter ein normales Verhalten, das auf der kindlichen Entwicklung beruht. Es muss uns nicht peinlich sein, sondern sollte ebenfalls verständnisvoll von uns Eltern begleitet werden.

*Kinder beißen eben auch mal zu*

*Meine Tochter also erprobte zunächst vor und dann auch nach unserem Urlaub ihre Zähne und Kraft an anderen. Die Erzieher/innen hatten das stets im Blick, informierten alle Eltern offen darüber (also auch über Bisse durch andere Kinder) und kein Elternteil hat jemals was dazu gesagt. Weil uns allen gesagt wurde, dass das passieren kann. Die Kleinen können ihre Sehnsucht nach Ruhe und Nähe noch nicht so gut verbalisieren und wenn dann ein anderes Kind vermeintlich zu nah neben ihnen Platz nimmt, dann versuchen sie auf diese Weise etwas Raum zu schaffen. Das ist nicht harmlos und wird von den Erzieher/innen auch thematisiert. Aber es wird nicht problematisiert. Das ist meiner Meinung nach sehr wichtig. Es bedeutet übrigens nicht, dass in unserem Kindergarten ein totales Beißverhalten um sich greift. Aber es kommt eben vor. Und ich dachte vorher immer: Ich möchte bitte nicht die Mutter des beißenden Kindes sein. Nun ist es so, mein Runzelfüßchen hat ein anderes Kind gebissen und Erzieher/innen und Eltern vermitteln uns: Es ist nicht schön, aber es passiert.*

*Andrea von runzelfuesschen.blogspot.de*

## Beißen als Kontaktversuch

Nicht immer ist ein vermeintlich aggressives Verhalten auch aggressiv gemeint: Kleinkindern fehlen nicht nur in Konfliktsituationen die passenden Worte, sondern manchmal auch im allgemeinen Umgang mit anderen. Manche Kinder hauen oder beißen nicht deshalb, weil sie sich wehren oder abgrenzen wollen, sondern weil ihnen bei einer Kontaktaufnahme oder einem Gespräch die Worte fehlen. Manchmal ist ein Biss ein Kontaktversuch oder gar ein Ausdruck von besonders positiven Gefühlen.

Auch hier bringt unser erwachsenes Diskutieren nichts, sondern das Kind braucht eine gute Begleitung, die die ungünstigen Annäherungsversuche und Liebesbekundungen übersetzt und dem vermeintlich aggressiven Kind Alternativen dazu anbietet. Wichtig ist dabei vor allem, das Kind zu verstehen, es wenn nötig zu trösten und auf Augenhöhe mit ihm zu gehen (Näheres dazu auf Seite 87).

# Vorschulkinder

Im Vorschulalter verstehen Kinder schon recht gut, dass andere Menschen andere Empfindungen und Vorstellungen haben. Dennoch haben sie noch Schwierigkeiten, damit richtig umzugehen und sie einzuordnen. Sie denken noch immer sehr in Gut-Böse-Kategorien und jedes »Fehlverhalten« – ob absichtlich oder nicht – wird vom Kind negativ bewertet.

Auch hier brauchen Kinder noch immer unsere Unterstützung und müssen einfühlsam begleitet werden. So bilden sie ein Verständnis dafür aus, dass Menschen unterschiedliche Empfindungen haben können.

# Grundschulkinder

Im Laufe der Zeit können sich Kinder immer besser in andere und ihre Gefühle und Absichten hineinversetzen. Sie machen sich auch zunehmend Gedanken darüber, wie die anderen die Welt sehen. »Wahrscheinlich bist du jetzt traurig, weil ich dir deinen Lutscher weggegessen habe.«

Im gemeinsamen Spiel nehmen Gefühle eine wichtige Rolle ein und der Umgang mit der gesamten Gefühlspalette wird spielerisch geübt. »Im Spiel freust du dich, weil ich dir eine kleine Katze mitgebracht habe.«

Auch Trauer, Verlust und Tod sind wichtige Themen. Kinder versuchen, sich durch das Spiel ein Bild von diesen Begriffen zu machen: Was bedeutet es, wenn ein Mensch nie wieder kommt? Neu hinzu kommt im Grundschulalter die Scham, wenn Kinder fähig sind, darüber nachzudenken und zu fühlen, was andere von ihrem Verhalten, ihrem Aussehen oder bestimmten Situationen denken.

Auch wenn Kinder nun keine Übersetzungshilfe mehr von uns brauchen, benötigen sie in vielen Situationen weiterhin unseren Beistand bei ihren Gefühlen und oftmals auch ein Ventil, um im Alltag und in der Auseinandersetzung mit Gleichaltrigen ihre Anspannung loszulassen. Als Eltern sind wir im Grundschulalter noch einmal ganz besonders als emotionale Begleiter gefragt.

# Pubertät

In der Pubertät verändert sich die Struktur des Gehirns noch einmal sehr stark: Nervenverbindungen werden aufgelöst, neue Verbindungen entstehen. Von den Umbauvorgängen sind auch die Gefühle betroffen, die den Jugendlichen oft zu schaffen machen: Impulsives Verhalten und starke Emotionalität sind kennzeichnend für dieses Alter. Auch dies ist dem Gehirn geschuldet und nur bedingt beeinflussbar. Viele psychische Erkrankungen haben ihren Ursprung in der Pubertät, weshalb auch in diesem Alter noch unsere Unterstützung in vielen emotionalen Fragen notwendig ist. Dass Kinder, die eine besonders ausgiebige Autonomiephase hatten, in der Pubertät sehr pflegeleicht wären, stimmt übrigens nicht. Unsere Kinder sind unsere Kinder und bleiben es ein Leben lang. Auch dann, wenn sie größer werden und eines Tages erwachsen sind, spielen die Emotionen in unserer Beziehung immer eine wichtige Rolle und als Eltern werden wir das ganze Leben über mit unseren Kindern im Austausch sein.

· · · · · · · · · · · · · · · · · · · · · · · · · · · · · · · · · · · · · · · · · · · · · · ·

### *Die Trotzphase ist gar keine Phase*

*Ich glaube mit etwas Abstand nicht mehr, dass das alles nur eine Phase ist. Die ganze Kindheit ist geprägt davon, dass ein Kind die eigenen Fähigkeiten und Grenzen entdecken möchte. Das mag für uns Eltern extrem anstrengend sein, insbesondere für die hochsensiblen Eltern unter uns, die sich schlecht abgrenzen können. Dennoch finde ich die Begriffe Trotzphase, Autonomiephase und wie auch immer sehr irreführend, denn sie lassen vermuten, dass diese anstrengende Zeit mit Wutanfällen und Diskussionen schnell wieder schwindet. Nein, das tut sie nicht. Trotzphase, Autonomiephase. Nennt es, wie ihr wollt. Ich nenne es Kindheit.*

*Jil von vonherzenundbunt.de*

RECHTS *Zorniges Aufbegehren gehört zu einem ganz normalen kindlichen Verhalten. Das Kind versucht damit nur, sich gegen eine Situation zu wehren, die es als unannehmbar empfindet.*

# Kinder kooperieren von Anfang an

Kinder streben nicht nur von Geburt an nach Selbstständigkeit und Autonomie, sie sind auf der anderen Seite auch von Anfang an kooperativ – wenngleich wir das im stressigen Alltag manchmal aus den Augen verlieren.

Neben der Selbstständigkeit und dem Wunsch nach Zugang zu den wichtigen Ressourcen sind Kinder, wie wir schon gesehen haben, sehr lange von uns abhängig und versuchen stets, das Band der Bindung aufrechtzuerhalten und nicht zu gefährden. Deswegen bringt das Kind auch den Willen und die Fähigkeit zur Kooperation mit in die Beziehung: Es ist darum bemüht, auf die gleichen Ziele wie wir hinzuarbeiten. Wie wir ebenfalls gesehen haben, stellen sich Kinder sogar so sehr auf ihre Eltern ein, dass sie gegen ihr eigenes Empfinden handeln, um den Erwachsenen zu gefallen: Sie lachen, obwohl sie etwas ängstigt, oder bleiben auch Personen verbunden, die sie nicht gut behandeln. Der große und immerwährende Wunsch des Kindes ist ganz einfach: von uns geliebt und angenommen zu werden! Und dafür tun Kinder unglaublich viel.

# Jedes Kind will Teil der Gesellschaft sein

Schon das Kindchenschema – die großen Augen des Babys und Kleinkindes und der große Kopf im Vergleich zum restlichen Körper – ist darauf ausgerichtet, dass wir uns dem Kind zuwenden. Die Mimik und Stimme des Kindes regen uns zur Interaktion an und allmählich versucht das Kind auch durch bewusste Handlungen, mit uns zu interagieren. Es kooperiert im Alltag auf vielen Ebenen mit uns, wenngleich uns das oft nicht bewusst ist. Auch sein Streben nach Selbstständigkeit ist ein Ausdruck dieses Kooperationswillens, etwa wenn es sich selbst anziehen möchte, sich die Zähne putzen will oder beim Einkaufen Sachen in den Warenkorb legt. Es möchte unterstützen, Teil der Gemeinschaft sein und seinen persönlichen sozialen Beitrag leisten, weil auch dies zur menschlichen Entwicklung gehört.

Die Psychotherapeutin Jean Liedloff schrieb dazu in ihrem Buch »Auf der Suche nach dem verlorenen Glück«: »Wenn das Kind etwas Nützliches tut, wie sich selbst anziehen oder den Hund füttern, ein Sträußchen Feldblumen hereinbringen oder aus einem Tonklumpen einen Aschenbecher machen, so kann nichts entmutigender sein als ein Ausdruck der Überraschung darüber, daß es sich sozial verhalten hat: ›Oh, was für ein liebes Mädchen!‹, ›Seht mal, was Stefanie ganz alleine gemacht hat!‹ und ähnliche Ausrufe deuten an, daß soziales Verhalten bei dem Kind unerwartet, uncharakteristisch und ungewöhnlich ist.«

Problematisch wird es also, wenn wir die Kooperationsbereitschaft des Kindes nicht erwarten, sie vielleicht deswegen übersehen oder nicht wissen, wann ein Kind zu welcher Kooperation überhaupt fähig ist. Ebenso schwierig wird es, wenn wir nicht anerkennen, dass das Kind kooperieren und teilhaben möchte, und es stattdessen nur führen wollen und so seiner Lernmöglichkeiten berauben.

Die Kooperationsfähigkeit ist in gewissem Sinne die Schwester der Selbstständigkeit. Oft bedeutet der Alltag mit einem Kind in der Autonomiephase eine Abkehr von den Gedanken, die uns bislang vermittelt wurden. Der wichtigste – vielleicht neue – Gedanke lautet: Dein Kind möchte kooperieren und unterstützen. Und das jeden Tag in vielen Situationen. Schau einfach genau hin!

# Im Alltag auf Kooperationsfähigkeit achten

- Was will mein Kind gerade wirklich? Warum tut es das? Könnte es sein, dass es etwas für mich Erfreuliches machen will oder wollte (auch wenn etwas anderes daraus geworden ist)?
- Ist mein Kind verärgert, weil ich es ausgeschlossen habe und es sich nicht einbringen durfte? Habe ich selbst nicht kooperiert, sondern nur angeleitet?
- War ich ungeduldig und habe dem Kind zu wenig Zeit und Raum zum Mitwirken gegeben?
- Ist mein Kind zu müde, zu erschöpft, zu überfordert, um kooperieren zu können?
- Welches Vorbild gebe ich meinem Kind im Alltag zur Kooperation?
- Registriere ich die kooperative Handlung des Kindes? Kinder müssen nicht für jedes Verhalten gelobt werden, denn es ist normal (oder sollte es sein), dass sie sich sozial verhalten. Aber wir sollten uns immer wieder vor Augen führen, welche Leistungen schon kleine Kinder erbringen, damit wir dann, wenn sie mal nicht unseren Wünschen entsprechen, nachsichtiger sind und bedenken, was sie an anderer Stelle alles schon geleistet haben.
- Auch ein Kooperationstagebuch kann hilfreich sein, in dem wir jeden Tag notieren, was das Kind Tolles gemacht hat und wo es kooperativ war oder sein wollte. So entwickeln wir langfristig einen positiven Blick auf die Stärken des Kindes, können uns selbst dazu beglückwünschen, was für ein unterstützendes Kind wir haben – und haben eine schöne Erinnerung an die Zeit mit ihm.
- Grundsätzlich sollten wir immer wieder bedenken: Ein Kind ist ein Kind und in manchen Situationen ist seine Kooperationsfähigkeit begrenzt. Kooperation mit einem Kind ist daher anders als mit einem Erwachsenen, aber sie ist von Anfang an Teil der Beziehung – wir müssen sie nur erkennen.

*LINKS Manchmal sehen Eltern die Kooperation des Kindes als selbstverständlich an, manchmal übersehen sie sie einfach. Für das Kind ist jedoch wichtig, dass sein Beitrag wahrgenommen und anerkannt wird.*

## Erfahrungen aus der Kindheit

# AUF DIE EINSTELLUNG KOMMT ES AN

Wir haben gesehen, dass Kinder zwar manches Mal nicht das wollen, was wir wollen, dass sie aber durchaus bereit und gewillt sind, mit uns zusammenzuarbeiten. Alles könnte also gut sein – eigentlich. Und doch funktioniert es leider häufig nicht. Denn nicht nur unsere Kinder haben ein emotionales Gehirn, sondern auch wir. Wir sind geprägt von den Erfahrungen, die wir selbst im Laufe unseres Lebens und ganz besonders in unserer Kindheit gemacht haben.

# Die Last der eigenen Vergangenheit

Wir wissen, dass unser Kind vieles nicht mit Absicht macht. Doch wenn wir gestresst und erschöpft sind, kommen uns leicht Sätze über die Lippen, die wir niemals verwenden wollten, weil wir ganz anders sein wollten als unsere Eltern.

Genau hier schaltet sich unser eigenes emotionales Gehirn an und wir spielen reflexartig ein Verhalten ab, das wir erlernt haben. So wie unsere heutigen Worte das Selbstbild unseres Kindes prägen, wurden auch wir von den Erfahrungen geprägt, die wir in der Kindheit gemacht haben. Oft sind wir uns nicht bewusst, wie sehr wir noch heute von dem Verhalten unserer nahen Bezugspersonen beeinflusst sind und wie nachhaltig das auf uns wirkt. Viele Eltern haben in ihrer Kindheit Gewalterfahrungen gemacht, die sich in ihrem Erziehungsverhalten widerspiegeln. Der Satz »Es hat mir ja auch nicht geschadet!« ist noch immer weitverbreitet, obwohl er eine offensichtliche Lüge enthält: Denn physische und psychische Misshandlung schaden immer. Und sei es »nur« der Verlust der Empathie, der durch diese Aussage zum Ausdruck kommt.

# Wenn Eltern als Kinder selbst Opfer waren

Der Psychoanalytiker Arno Gruen erklärt, warum Erwachsene versuchen, die Misshandlung, die sie durch ihre Eltern erfahren haben, zu relativieren: »Ein Kind ist nicht in der Lage, sich gegen die drohende Kälte elterlicher Autorität zur Wehr zu setzen. Da die Eltern seine Gefühle als wertlos einstufen, lernt es, sich für sein Eigenes zu schämen. So bringen Eltern das Kind dazu, sich für etwas schuldig zu fühlen, was sie selbst bedroht. Das Ergebnis ist ein tief in der Persönlichkeit verankerter Selbstwertverlust. (...) Die Unterdrückung des Eigenen löst Hass und auch Aggressionen aus, die sich aber nicht gegen den Unterdrücker richten dürfen, sondern an andere Opfer weitergegeben werden. Typisch für diese Entwicklung ist immer, dass das eigene Opfersein verleugnet wird. Denn der eigene Schmerz und das eigene Leid waren ja einmal Bestandteil dessen, was uns wertlos machte.«

Baby, Baby, ungezogenes Baby, / sei still, du schreiend Ding. / Schlaf jetzt, schlaf, denn sonst kommt Bonaparte. / Baby, Baby, er ist ein Riese, / groß und schwarz wie die Kirche von Rouen. / Zum Frühstück und zum Mittag, verlass dich drauf, / verspeist er täglich ungezogene Kinder. / Baby, Baby, hört er dich, / wenn er am Haus vorbeigaloppiert, / Arm und Bein reißt er dir aus / wie die Katz zerfetzt die Maus. Englisches Schlaflied aus dem 19. Jahrhundert

Wenn wir als Kinder Gewalt erfahren haben, haben unsere Eltern etwas falsch gemacht. Wir sind Opfer. Wenn wir Eltern werden, müssen wir dies eines Tages anerkennen und es uns eingestehen. Es war nicht unsere Schuld, dass wir physisch oder psychisch misshandelt wurden. Auch wir waren eben Kinder, die nicht anders handeln konnten, als sie gehandelt haben. Unsere Eltern haben einen Fehler gemacht, der uns langfristig verletzt hat. Oftmals fällt es schwer, dieses Verhalten nicht an die eigenen Kinder weiterzugeben, insbesondere in Stresssituationen, in denen unser emotionales Gehirn die Führung übernimmt – etwa wenn unser eigenes Kind weint oder schreit.

Für manche Eltern ist es eine große Herausforderung, neue Wege zu gehen. Manches Mal brechen überhaupt erst durch das eigene Kind verdrängte Kindheitserfahrungen hervor und Eltern sehen sich damit konfrontiert, dass ihre als schön abgespeicherte Kindheit in Wirklichkeit gar nicht schön war.

· · · · · · · · · · · · · · · · · · · · · · · · · · · · · · · · · · · · · · · · · · ·

### Am Ende der Geduld

*Mir ist bei jedem meiner drei Kinder ein einziges Mal der Geduldsfaden so gerissen, dass ich eben doch zugehauen habe. Ich habe mich sehr geschämt und hinterher mit den Kindern gesprochen, und es ist nicht wieder vorgekommen.*

*Christine von mama-arbeitet.de*

# Die Auslöser sind tief verwurzelt

Wenn unser Kind ein Verhalten zeigt, das uns an eine frühere Erfahrung erinnert, werden die damit verbundenen Gefühle aufgewühlt: Wir werden »getriggert«. Das Kind ist AUSLÖSER für ein Verhalten, das tief in uns eingespeichert ist. Die eigentliche URSACHE unseres Handelns ist nicht das Kind, sondern die Erfahrung, die wir selbst gemacht haben. Sie ist im Mandelkern unseres Gehirns hinterlegt. Im Laufe unseres Lebens werden hier emotionale Situationen gespeichert. Auch solche, die uns geängstigt haben. Ein einfaches Beispiel hierfür ist die Angst vor Hunden: Hat ein Hund einmal nach uns geschnappt und wir haben uns bedroht gefühlt, kann schon der Anblick eines Hundes zum Wechsel der Straßenseite führen, manchmal nicht einmal bewusst. Auch ein gut gemeintes »Der will doch nur spielen!« kann uns unsere Beklemmung nicht nehmen. Was auch immer wir erleben, wird durch den Mandelkern blitzschnell auf

RECHTS *Wenn kleine Kinder lauthals schreien, versuchen Eltern häufig, die stressauslösende Situation zu unterbinden. Hinter dieser Reaktion können Hilflosigkeit und Unsicherheit stecken – aber auch verdrängte Erfahrungen aus der eigenen Kindheit.*

Gefahr überprüft und es laufen Reaktionen ab, die uns schützen sollen. Haben wir in der Kindheit schlimme Erfahrungen gemacht mit wütenden, schreienden, schlagenden Eltern, kann bei uns Erwachsenen in vergleichbaren Situationen noch heute das emotionale Gehirn die Führung übernehmen. Wir versuchen uns zu schützen und das Verhalten des Kindes zu unterbinden. Oft ebenfalls durch erlernte Handlungsmuster: Wir schreien oder schlagen in der Hoffnung, die stressauslösende Situation zu unterbinden. Damit wiederholen wir genau das falsche Handlungsmuster und geben es erneut an unsere Kinder weiter.

Es ist schwer, gegen solche verinnerlichten und oft unbewussten Handlungsmuster anzugehen. Wenn dies durch Reflexion nicht möglich ist, ist therapeutische Unterstützung angebracht. Eltern müssen sich nicht schämen, eine solche Hilfe anzunehmen, denn schuld an dem Fehlverhalten sind nicht sie, sondern ihre eigenen Eltern. Einen Fehler begehen wir dann, wenn wir uns unseres Fehlverhaltens bewusst sind und keine Hilfe suchen oder uns Rechtfertigungen für Misshandlungen ausdenken. Diese schädigen die Kinder neben der physischen oder psychischen Gewalt nochmals, indem sie ihnen einreden, selbst schuld zu sein, und somit ihr Selbstbild abwerten.

· · · · · · · · · · · · · · · · · · · · · · · · · · · · · · · · · · · · · · · · · · · · ·

### *Folgen von Misshandlung bleiben lebenslang erhalten*

*Zusammengefasst kann man sagen, dass meine Mutter die Erziehung ihres Vaters kopiert hatte. Er war sehr gewalttätig, hatte furchtbare Strafen für seine Kinder. Das war größtenteils Kindesmisshandlung. Noch immer reagiere ich sehr emotional, wenn ich angeschrien werde. Mir schießen entweder sofort die Tränen in die Augen, oder ich werde zur wilden Furie und wehre mich mit allen Mitteln.*

*Yasmin von dierabenmutti.de im Interview bei fruehesvogerl.de*

RECHTS *In Situationen, die auf uns bedrohlich wirken, laufen im Mandelkern unseres Gehirns blitzschnell Reaktionen ab, die uns vor der vermeintlichen oder tatsächlichen Gefahr schützen sollen.*

## Hilft uns unser Bauchgefühl?

Wenn wir wissen, dass reflexartige Handlungsmuster tief in unserem limbischen System eingebettet und unserem Bewusstsein manchmal gar nicht zugänglich sind, wird uns klar: Es gibt kein allgemeingültiges Bauchgefühl, auf das wir hören könnten!

Das sogenannte Bauchgefühl ist etwas sehr Individuelles und abhängig von den Erfahrungen, die wir im Laufe des Lebens gemacht haben. Es gibt kein typisches Mama-Gefühl, das uns sagt, dass man Kinder nicht schreien lassen soll, und kein Papa-Gefühl, das vorgibt, wie man mit einem Kind sprechen kann. Das, was wir reflexartig tun, entspringt in der Mehrzahl der Fälle dem, das wir aus eigener Erfahrung kennen: der Art, wie unsere Eltern mit uns und unseren Geschwistern umgegangen sind, oder dem, was wir im nahen Familien- und Bekanntenkreis erlebt haben. Wenn wir das Glück hatten, in einer liebevollen, zugewandten Familie aufzuwachsen, haben wir ein Bauchgefühl, das uns in die richtige Richtung weist: Wir hören unseren Kindern zu, versuchen, die Hintergründe für ihr Verhalten zu verstehen und begleiten sie empathisch.

Wenn wir dagegen in einer Familie aufgewachsen sind, in der wir nur negative Handlungsmuster verinnerlichen konnten, rät uns das Bauchgefühl ganz andere Dinge. Dann hinterfragen wir vielleicht gar nicht, ob es falsch ist, ein Kind nicht zu trösten oder allein in ein Zimmer zu sperren, wenn es schreit und wütet. Es wäre das Verhalten der Wahl – so wie es Generationen vor uns erlernt und weitergegeben haben: »Das heroischste Mittel für eine junge Mutter ist, daß sie das Kind – wie man sagt – durchschreien läßt«, heißt es in einem »Lehrbuch der Wöchnerinnen-, Säuglings- und Kleinkinderpflege für Pflegerinnen, Schwestern und Mütter« aus dem Jahr 1930. Zu jedem Zeitpunkt gibt es Einflüsse auf das, was wir Bauchgefühl nennen: aus der Gesellschaft, der Politik, der Werbeindustrie.

Ein solches »Bauchgefühl« sollte nicht die Grundlage unserer Erziehung sein. Natürlich haben viele Eltern ein Gespür dafür, wie es ihren Kindern geht, und binden dieses Gefühl gekonnt in die Alltagsgestaltung ein. Auch die Hormone beeinflussen unser Verhalten unseren Kindern gegenüber und steuern zu einem gewissen Teil unsere Handlungen in die richtige Richtung.

Doch neuere Erkenntnisse aus der Forschung können uns da unterstützen, wo vielleicht das richtige Verhalten durch falsche Kindheitserfahrungen überlagert wurde. Sie sagen uns heute, dass ein einfühlsames, verständnisvolles Erziehungsverhalten das ist, wonach wir unser Bauchgefühl ausrichten sollten.

## Warum denke ich, wie ich denke?

*Im Leben mit unseren Kindern tut es gut, immer wieder zu hinterfragen: Warum ist mir das so wichtig? Gibt es wirklich einen objektiven Grund, warum das Kind kein lila Shirt mit grüner Hose anziehen soll? Ist es wirklich wichtig, dass das Kind vor dem Rausgehen auf die Toilette geht? Manchmal können wir uns die Gründe nur mit »Das ist eben so!« erklären. Wenn das unsere Erklärung ist, dann ist das meist ein guter Hinweis darauf, dass wir diese Einsicht irgendwann erlernt haben. Das bedeutet nicht, dass wir sie weiter anwenden müssen.*

# Was wohl die anderen denken?

Unsere eigenen Kindheitserfahrungen stehen uns auch dann im Weg, wenn wir in der Öffentlichkeit mit unseren Kindern in Situationen geraten, die uns unangenehm sind. Wir fragen uns unwillkürlich: Was denken nur die anderen von mir?

Da liegt mein Kind auf dem Boden und rollt sich schreiend hin und her: Hoffentlich sieht mich nicht die Nachbarin! – In der Garderobe des Kindergartens flippt mal wieder nur mein Kind aus: Was wohl die Erzieherinnen denken?

Oft machen wir uns das (Eltern-)Leben damit schwer, dass wir anderen gefallen wollen. Auch dieser Wunsch kann in unserer eigenen Kindheit begründet sein, wenn wir immer dazu angehalten wurden, uns nach den Wünschen anderer zu richten. Verhalten wir uns in einer Trotzsituation unseres Kindes auch so, dass wir Außenstehenden gefallen wollen, geben wir dieses Verhalten an unsere Kinder weiter. So, wie wir das Gefühl haben, in den Augen anderer gute Eltern sein zu wollen, lernen unsere Kinder, dass sie folgsam sein und ihre eigenen Bedürfnisse unterdrücken sollen.

Oft ist es schwer für uns Eltern, in einer Trotzsituation gelassen neben unserem Kind zu stehen und es emotional aufzufangen. Wir wissen zwar, dass es gerade jetzt unsere Hilfe benötigt und eben nicht bestraft oder vorgeführt werden sollte, aber unser eigener Wunsch, in den Augen anderer gute Eltern zu sein, drängt sich in den Vordergrund. Dabei sollte es uns wichtiger sein, was unser Kind von uns denkt und wie es fühlt als das, was irgendwelche fremden Menschen von uns glauben.

Erschwert wird uns das Verständnis für unser Kind auch dann, wenn von anderen (oft sogar fremden) Menschen negative Kommentare zum Verhalten unseres Kindes vorgebracht werden: dass es sowas früher nicht gegeben hätte, ob das Kind denn nicht erzogen werden würde, ob das Kind sich zu Hause auch so aufführen würde … Die anderen sehen eine Momentaufnahme aus unserem Leben, ohne das Vorher und Nachher zu kennen, und fällen ein Urteil. Doch diese Einschätzung sagt eher etwas über ihre eigenen Ansichten aus als über die Familie, über die sie reden.

Leider sehen wir an vielen Stellen in der Gesellschaft, wie das Bild über Kinder in der Autonomiephase geprägt wird: Es gibt T-Shirts mit Aufdrucken wie »kleine Zicke«, »kleiner Teufel« oder »Wenn Mama es nicht erlaubt, dann frag ich Papa!«. In Film und Fernsehen werden uns Kinder als absichtlich bösartig vorgeführt. All das prägt unsere Gesellschaft und den Blick auf das Kind. All das macht uns eine ohnehin schwere Aufgabe noch schwerer. Nicht nur wir als Eltern sollten unseren Blick auf Kinder verändern, die gesamte Gesellschaft ist gefragt, Kindheit neu und richtig zu verstehen.

· · · · · · · · · · · · · · · · · · · · · · · · · · · · · · · · · · · · · · · · · ·

## Von wegen Zicke

*Dieses Verhalten hat jedes Kind in dem Alter unterschiedlich stark ausgeprägt und nein, es lässt sich nicht mit »Die Kleine ist ne Zicke!« erklären, sondern ist ein ganz normaler Entwicklungsschritt. Was sagen die neunmalklugen fremden Passanten, wenn ein Junge auf dem Boden im Supermarkt knatscht: »Na, der hat seine Eltern aber im Griff!«, während das Mädchen eine Zicke ist und sich gefälligst zu fügen hat. Herzlichen Glückwunsch und willkommen im 21. Jahrhundert.*

*Anna Frost von fafine.de*

## Gemeinsam schaffen wir es

Kinder sind in gewisser Weise spezielle Wesen, weil sie ganz anders denken als wir und es uns oft schwerfällt, so zu denken wie sie. Unser Alltag wird dadurch nicht einfacher, vor allem, weil er nicht so angelegt ist, wie Familien ihn eigentlich bräuchten.

Der Satz »Es braucht ein Dorf, um ein Kind großzuziehen« stimmt auch heute noch. Nicht nur das Kind braucht andere Menschen um sich, von denen es lernen und mit denen es interagieren kann, um seine Selbstständigkeit auszubauen. Auch wir Eltern brauchen andere. Wir brauchen Menschen, die uns auf die Schulter klopfen und uns sagen, dass wir unsere Sache gut machen. Nicht perfekt, denn das müssen wir gar nicht sein, einfach nur gut. Vor allem aber brauchen wir helfende Hände: andere Menschen, die mit anpacken und uns Aufgaben abnehmen.

Unser Alltag bringt Stress mit sich, so wie er heute ist. Doch unter Stress neigen wir zu einem ungünstigen Erziehungsverhalten. Wir schreien und schimpfen mehr als sonst. Das wirkt sich weiter nachteilig aus und es entsteht ein Teufelskreis.

Ein entspannter Weg durch die Autonomiephase hat deswegen auch viel mit Unterstützung zu tun: Wir brauchen andere, müssen Stress soweit es geht reduzieren. Im Alltag gibt es immer Punkte, an denen wir Aufgaben abgeben oder andere mit einbeziehen können: Gemeinsam kochen und essen kann Situationen entspannen. Einen Nachmittag ist das Kind beim besten Freund, am nächsten Tag umgekehrt – so haben die Erwachsenen jeder einen freien Tag. Das Essen von Oma schmeckt gerade besser? Vielleicht kann sie vorkochen für eine Woche.

Das Rezept einer entspannten Elternschaft hat vor allem eine Zutat: entspannte Eltern. Und genau dafür sollten wir Gedanken investieren, Pläne machen und Kooperationen bilden. Es lohnt sich, von Zeit zu Zeit zu überlegen, wo die großen Stressauslöser in unserem Familienleben sitzen und wie wir sie entspannen könnten. Immer wenn der Stresslevel steigt, können wir eine Liste anfertigen: Eine Spalte enthält all die Sachen, die gerade anstrengend sind mit Kindern, die andere (kreative) Lösungsstrategien für mehr Entspannung und weniger Pflichten.

## Eltern müssen nicht perfekt sein!

*Schon der Kinderpsychoanalytiker Donald W. Winnicott (1896–1971) wusste, dass Eltern nicht perfekt sein müssen: Er untersuchte Mutter-Kind-Beziehungen und fand heraus, dass Kinder keine zu guten Mütter (»too good mothers«) benötigen, sondern lediglich ausreichend gute Mütter (»good enough mothers«). Ausreichend gute Mütter lesen ihren Kindern nicht jeden Wunsch von den Augen ab, sondern lassen ihnen die Chance, selbstwirksam zu werden. Nicht jede Unzufriedenheit eines Kleinkindes muss so prompt wie im Babyalter beantwortet werden, sondern kann kurz abgewartet werden. Vielleicht findet das Kind ja eine eigene Lösungsstrategie – und wir müssen uns nicht beständig hetzen. Gut genug reicht also völlig aus und ist sogar besser als zu gut!*

## Neues Denken entwickeln

Um von alteingeprägten Annahmen loszukommen, müssen wir also ein neues Denken entwickeln: weg von den negativ geprägten Bildern unserer eigenen Kindheit, hin zu modernen Ansichten über die kindliche Entwicklung.

Wer bis hierher gelesen hat, denkt nun vielleicht: »Oje, ich habe mein Kind völlig verkannt und alles falsch gemacht.« Doch so, wie wir nicht perfekt sein müssen, haben wir jeden Tag die Chance, unser Denken und unsere Handlungen zu ändern. Wir stellen in der Kindheit zwar Weichen für das spätere Leben, aber es ist nie zu spät, den Kurs zu wechseln. Der Psychologe Jerome Kagan gibt uns jedenfalls Anlass, entspannt zu sein: »Für die meisten Menschen erscheint die Grundannahme vernünftig, dass die ersten mentalen Strukturen, die durch Erfahrungen gewonnen werden, sich wie ein tiefer Kratzer auf einem Tisch endlos erhalten. Doch in Wahrheit verlieren sich viele frühe Vorstellungen und Verhaltensweisen oder unterliegen einer solchen Verwandlung, dass sie im späteren Leben nicht mehr nachvollzogen werden können.«

## Bewusste Entscheidung gegen das Meckern

Ich baue immer öfter Tage ein, an denen ich mir ganz bewusst vornehme, Alternativen zum Meckern zu finden. Auffallend ist, dass schon leichte Veränderungen in der Haltung, der Stimmlage, den Dialogen Wunder bewirken. Meine Gemütslage überträgt sich sehr zuverlässig auf meine Kinder (und natürlich mein gesamtes Umfeld). Ich kann also aktiv beeinflussen, in welche Stimmung ich mein Gegenüber versetzen möchte.

*Kathrin von www.nestling.org*

# Zehn Sätze, die wir uns immer wieder sagen sollten

- *Mein Kind handelt so, weil es nicht anders kann. Es ist keine Absicht und kein Machtspiel.*
- *Das Verhalten meines Kindes ist aus seiner Perspektive sinnvoll.*
- *Die Ursache für meine schlechte Laune liegt wahrscheinlich in mir selbst, nicht im Verhalten des Kindes.*
- *Mein Kind braucht Hilfe in der Regulation seiner Gefühle.*
- *Ich bin ein Vorbild für mein Kind: darin, wie ich mit Konfliktsituationen umgehe und meine Emotionen zeige und reguliere.*
- *Mein Kind will kooperieren, ich muss es nur erkennen und darf den Blick dafür nicht verlieren.*
- *Eigenständigkeit ist das Ziel der kindlichen Entwicklung. Ich sollte sie nicht unterbinden, wenn ich mir ein selbstständiges Kind wünsche.*
- *Mein Kind ist wundervoll. Genau so, wie es ist.*
- *Gemeinsam werden wir das durchstehen.*
- *Ich bin eine gute Mutter, ich bin ein guter Vater, auch wenn ich manchmal genervt bin.*

## Kinder ticken anders

# ENTSPANNT DURCH DEN ALLTAG KOMMEN

Wir haben gesehen: Kinder wollen selbstständig und selbstwirksam sein und ihre Ressourcen sichern, sie können aber noch nicht denken und handeln wie Erwachsene. Deswegen ist es von großer Bedeutung für die Autonomiephase, dass wir Eltern genau hinsehen, verstehen und annehmen. Das bedeutet nicht, dass wir alles hinnehmen müssen. Doch mit unserem erwachsenen Denken kommen wir in vielen Situationen nicht weiter und sollten daher akzeptieren, dass unsere Kinder anders sind als wir.

## Grundzutaten für einen entspannten Alltag

Auch wenn wir es uns so sehr wünschen, es gibt keine Patentrezepte für die Autonomiephase. Es gibt kein »Wenn dein Kind das macht, tu jenes«, denn jedes Kind, jede Familie ist individuell. Es gibt jedoch viele kleine Zutaten für Gelassenheit im Alltag.

Es gibt Zutaten für den »Ich-sehe-die-Welt-durch-Kinderaugen«-Trank und Zutaten für »Gute-Laune«-Kekse oder »Entspannung-im-Chaos«-Salat. Mit Kindern wird unser Leben immer ein wenig bunt und turbulent und unplanbar sein, aber mit ein paar guten Zutaten im Vorratsschrank werden wir auch entspannt durch die schwierigeren Zeiten kommen.

## Beobachten

Tatsächlich lassen sich bereits viele Situationen umschiffen, wenn wir unser Kind aufmerksam beobachten. Denn das ist es, was Kinder sich wirklich von uns wünschen:

gesehen zu werden. Sie wollen durch unsere Aufmerksamkeit unsere Liebe spüren. Auch wenn die Kinder größer werden und sich mehr und mehr von uns entfernen, müssen sie sich noch unserer Liebe und Aufmerksamkeit versichern. Solange wir ausreichend Zeit haben und dementsprechend reagieren, ist es einfacher.

Doch manchmal geraten wir in einen Teufelskreis: Wenn wir zu wenig zugewandt sind, versucht das Kind, unsere Aufmerksamkeit durch negatives Verhalten auf sich zu ziehen: Es schreit, schimpft, wirft mit Sachen. Oft ohne erkennbare Ursache, denn es gibt keinen direkten Anlass, sondern ein Gefühl in seinem Inneren, das es nach Zuwendung rufen lässt. Häufig bewirkt dieses Verhalten jedoch genau das Gegenteil dessen, was sich das Kind eigentlich wünscht: Es bekommt Aufmerksamkeit in negativer Hinsicht statt liebevoller Zuwendung. Es nimmt zwar auch diese Art der Aufmerksamkeit an, doch entsteht hierdurch ein negativer Kreislauf: Das Kind sucht auf negative Art nach Aufmerksamkeit, wir beachten es und schimpfen. Da das Kind jedoch eigentlich liebevolle Zuwendung erwartet, wird es weiterhin negativ reagieren und wir werden weiterhin schimpfen.

Aus diesem Teufelskreis können wir nur ausbrechen, wenn wir kurz einen Schritt zurücktreten. Wir erinnern uns: Kindliches Verhalten ist sinnvoll, uns Eltern verärgern wollen ist nicht sinnvoll. Deswegen muss es eine andere Erklärung geben für das Verhalten des Kindes. Wir treten zurück, beobachten und können aus unserer Beobachtung verstehen und schließlich handeln. Der indische Philosoph Jiddu Krishnamurti hat es einmal so ausgedrückt: Die Fähigkeit, zu beobachten, ohne zu bewerten, sei die höchste Form menschlicher Intelligenz.

Um mit unseren Kindern gut zu leben, müssen wir gar nicht viel tun. Wir müssen keine teuren Geschenke kaufen, sie nicht in Kurse für Frühenglisch, Klavierspiel oder Tanz schicken. Wir müssen nur da sein, Zeit mit ihnen verbringen und lernen, ihre Botschaften zu entschlüsseln und auf die manchmal etwas spezielle Ausdrucksart richtig zu reagieren. Wenn wir wissen, dass in ihrem Gehirn die Dinge etwas drastischer ablaufen und Situationen reflexartig in Schwarz-Weiß, Angst-Freude, Kampf-Flucht eingeteilt werden, können wir so manches »Kackmama« leichter wegstecken. Es ist nicht so gemeint, wie es sich für uns anhört. Unsere Kinder wollen uns nicht verärgern.

*Zaubermittel: Zeit zu zweit*

*Was mir und meinen Söhnen daher immer wirklich gutgetan hat, war Zeit zu zweit. Wenn wir uns immer mal wieder bewusst alle Zeit der Welt genommen haben und es wirklich nur darum ging, was der kleine Mensch gerade möchte, war das wunderschön und entspannend für uns beide – denn, das darf man ja nicht vergessen, für die Kinder ist diese Phase auch und vor allem sehr anstrengend.*

*Halima Lobeck von mamablog-mamamia.com*

## Positiver Körperkontakt

Verstärken können wir das Beobachten mit liebevollem Körperkontakt. Er ist für Klein- und Vorschulkinder noch immer von großer Bedeutung. Einige haben die Fä-

## Beobachten und notieren

*Manchmal ist schon das Beobachten eine heilsame Intervention. Dann nämlich, wenn Kinder einfach nur unsere Zuwendung brauchen. Sie wollen gesehen werden. Mit einem kleinen Heft und Stift ausgestattet, können wir diesem Wunsch nachkommen und gleichzeitig daran arbeiten, unser Kind besser zu verstehen. Während das Kind spielt, malt oder bastelt, können wir uns dazusetzen, es beobachten und die Beobachtungen (mit Datum) notieren: Was macht mein Kind gerade? Womit beschäftigt es sich aktuell besonders gerne? Warum macht es gerade dies? Was lernt es wohl davon? Durch die Beobachtung wächst nicht nur unser Verständnis, wir bekommen auch einen wertschätzenden Blick auf das Kind. Wir sind ganz bei unserem Kind und seinem Tun und lassen uns von keinem Handy, keiner Arbeit ablenken. Schon zehn Minuten intensive Beobachtung am Tag ergeben eine neue Sicht auf das Kind und ein neues Miteinander.*

higkeit, diesen selbst einzufordern, indem sie zum Beispiel sagen: »Ich möchte kuscheln!« Andere Kinder tun dies weniger. Sie brauchen dennoch noch unsere körperliche Zuwendung und es liegt an uns, Anlässe hierfür zu finden: zum Beispiel abendliche Massagen, Hand-in-Hand-Gehen, Kuscheln oder ein gemeinsames Bad.

Besonders kleine Massagezeiten können gute Türöffner sein. Wir müssen hierfür gar keine besonderen Massagetechniken erlernen. Es reicht, ein einfaches Mandelöl zu benutzen. Das Kind kann sich zudem ein ätherisches Öl aussuchen, von dem einige Tropfen zum Basisöl gegeben werden. Lavendel, Vanille oder römische Kamille sind beruhigende Öle. Sie wirken direkt im limbischen System und haben Einfluss auf die Emotionen. Positive Berührungen führen zudem zur Ausschüttung des Liebeshormons

*UNTEN Körperkontakt und liebevolle Berührungen vermitteln unserem Kind ein wohliges Gefühl und die Aufmerksamkeit, die es sich wünscht – Dinge, die gerade in der Autonomiephase sehr wichtig sind.*

Oxytocin, das unter anderem entspannt und beruhigt. Eine liebevolle, achtsame Berührung sagt manchmal mehr als tausend Worte und gibt Kraft und Halt, nicht nur für das Kind, sondern auch für die Eltern.

Positiver Körperkontakt ist ein gutes Mittel, um auszudrücken: Ich nehme dich wahr. Wir können ihn als Grundzutat jeden Tag anwenden oder eine kleine Prise immer dann nutzen, wenn Aufmerksamkeit gerade ein wichtiges Thema ist: Wenn das Kind aufgeregt neben uns auf und ab hüpft, während wir uns auf der Straße mit einem Bekannten unterhalten, kann es durch ein paar Sätze und eine beruhigende Hand vielleicht etwas länger ausharren und beginnt nicht mit störenden Reaktionen. Dem Kind am Abendbrottisch können wir durch einige Worte und Berührung vermitteln, dass es uns gleich in Ruhe seine Geschichte erzählen kann, wenn alle sitzen. Eine liebevolle Berührung unterstreicht unsere zugewandte Aussage vielfach. Sie sagt: »Ich habe dich gehört und werde mich dir noch zuwenden. Ich übersehe dich nicht.«

· · · · · · · · · · · · · · · · · · · · · · · · · · · · · · · · · · · · · · ·

## Der Wutigel schläft ein

*Anfangs dachte ich, ich könnte den Wutigel verscheuchen. Das ist natürlich Quatsch. Der Wutigel ist ein wahnsinniger Dickkopf. Wenn Sie mit ihm schimpfen, ihm drohen oder ihn zwangsräumen wollen, dann wird er stärker. Lassen Sie das besser. In manchen Momenten lässt er sich bestechen, da kann ein Gummibärchen ihn zum Rückzug überreden. Aber wissen Sie, wie ich den Wutigel am besten entwaffne? Durch Kuscheln. Genau, ich halte das Kind, das ja die Behausung des Wutigels ist, so lange im Arm, bis der Wutigel ganz friedlich in seinem Nest einschläft. Dazu ein kleines Lied oder ein paar sanfte Worte und der Wutigel wird zum Schmusekätzchen.*

*Marlene Ottendörfer als Marlene Hellene für tollabea.de*

Manchmal duldet das Kind in aktuellen Konfliktsituationen jedoch keinen Körperkontakt – es möchte in der Wut nicht berührt werden. Das ist auch sein Recht. In solchen Momenten reicht es, wenn wir da sind, die Gefühle des Kindes annehmen und abwarten, bis es von uns durch Streicheleinheiten getröstet oder beruhigt werden möchte.

# Zuhören

»Du hörst mir ja gar nicht richtig zu!« Wie oft sagen wir diesen Satz? Und wie oft hören wir im Alltag selbst nur halb zu, weil wir gerade etwas anderes tun, weil wir in Gedanken woanders sind? Auch die Mitteilungen unserer Kinder verdienen Gehör, selbst wenn sie nur aus kurzen Sätzen oder wenigen Wörtern bestehen.

Wenn unser Kind uns etwas Wichtiges mitteilen möchte, sollten wir uns ihm zuwenden, möglichst auf Augenhöhe gehen und uns Zeit nehmen. Wir sollten es ausreden lassen, erklären oder fragen. Wenn wir wirklich anwesend sind, muss es nicht schreien, um sich Gehör zu verschaffen. Es muss nicht aus der Ferne lautstark kommunizieren, wenn wir da sind und zuhören. Und es lernt durch unser Vorbild, wie Zuhören geht.

Doch nicht nur das Zuhören an sich ist wichtig, auch das richtige Verstehen des Inhalts: Friedemann Schulz von Thun (siehe Buchtipp Seite 140) zufolge hat jede Nachricht oder Äußerung vier Aspekte: Sie kann einen Sachinhalt transportieren, kann aber auch eine Selbstoffenbarung oder ein Appell sein oder etwas über die Beziehung aussagen. Dementsprechend hat auch der Zuhörer »vier Ohren«, für jeden Aspekt eines, hört aber bevorzugt mit einem Ohr zu. Dabei kann es passieren, dass Sender und Empfänger auf verschiedenen Ebenen kommunizieren: Gerade in Bezug auf unsere Kinder passiert es nicht selten, dass wir mit dem falschen Ohr zuhören. Insbesondere dann, wenn wir durch unsere Erwartungen an Kinder und unsere tief geprägten Glaubenssätze nur einseitig zuhören können.

Glauben wir an die Machtspiel-Theorie, hören wir aus einer Äußerung unseres Kindes vielleicht einen Appell heraus (»Bring mir Wasser!«), wo sie gar nicht so gemeint ist. Vielleicht will das Kind einfach nur sagen, dass es durstig ist, oder es wünscht sich, gerade jetzt ein wenig von uns umsorgt zu werden. Wenn das Kind nach einem anstrengenden Tag in der Kita sagt: »Ich kann nicht mehr laufen!«, muss das nicht bedeuten, dass es uns herausfordern will und austestet, ob wir noch bereit sind, es zu tragen. Es bedeutet wahrscheinlich einfach, dass es müde und erschöpft ist und die kleinen Beine es nicht mehr tragen können. Interpretieren wir das als Machtspiel, reagieren wir wahrscheinlich schroff, denn wir wollen unsere Position verdeutlichen. Ein Streit entsteht, weil das Kind sein Bedürfnis (zu Recht) nicht erfüllt sieht und tatsächlich nicht mehr laufen kann. Hören wir richtig zu und verstehen, können wir passend antworten: »Ich verstehe, dass du erschöpft bist. Komm, wir ruhen uns kurz aus und probieren es dann noch einmal.« Wir sehen hin, verstehen und nehmen die Situation an.

# Reden

Die Sprache ist im Familienalltag ein wichtiges Element: Was sage ich? Wie sage ich es? Wir Erwachsenen sind zu jedem Moment ein Vorbild für unsere Kinder – auch in der Form unserer Sprache. Wenn wir uns wünschen, dass sich unsere Kinder auf eine bestimmte Weise ausdrücken, sollten wir ihnen genau darin ein Vorbild sein.

Ganz besonders betrifft dies die »Zauberwörter«: Wir müssen und können von unseren Kindern kein »Bitte«, »Danke« und »Entschuldigung« verlangen. Dankbarkeit ist kein Gefühl, dass man einfordern könnte. Auch eine echte, ehrliche Entschuldigung bei einem anderen Menschen kann man nicht erzwingen. Solche Wörter beschreiben Gefühle, die wir unseren Kindern nicht aufzwingen können. Und wir sollten sie nicht zum Lügen auffordern, wenn wir ihnen sagen, dass sie sich entschuldigen sollen, wenn sie sich nicht schuldig fühlen. Vollkommen verständlich und zu Recht reagieren sie verärgert, wenn wir von ihnen wünschen, dass sie etwas sagen sollen, was sie nicht fühlen. Dann umso stärker, wenn sie sich noch nicht in andere hineinversetzen und überhaupt nicht nachvollziehen können, warum sie ein bestimmtes Wort jetzt sagen sollten.

Und doch lernen Kinder diese Zauberwörter. Sie lernen sie durch uns, wenn wir sie im Alltag ihnen gegenüber gebrauchen. Ein Danke ebenso wie ein Bitte und ganz besonders eine Bitte um Entschuldigung. Denn als Eltern sollten wir auch Worte der Entschuldigung gegenüber unseren Kindern benutzen, wenn wir uns falsch verhalten haben. Es nimmt uns nichts von unserer Autorität, zerstört nicht unser Ansehen. Im Gegenteil: Es macht uns zugänglicher für unsere Kinder und löst das Machtgefälle zwischen uns auf. Denn ja: Auch wir Eltern sind eben nicht unfehlbar.

In der Autonomiephase hat die Sprache eine ganz besondere Bedeutung, wenn wir mit Konflikten umgehen. Wir können mit unserer Sprache nämlich ebenso wie mit Handlungen und Strafen ein Machtgefälle erzeugen, indem wir ausdrücken, dass sich das Kind unserem Willen anpassen muss. Oder aber wir begegnen dem Kind sprachlich auf Augenhöhe, nehmen seine Aussagen ernst und können so einem Streit vorbeugen. Frank und Gundi Gaschler schreiben in ihrem Buch über Gewaltfreie Kommunikation mit Kindern: »Die Gewaltfreie Kommunikation geht davon aus, dass das Verhalten des anderen Auslöser, nie aber Ursache der Gefühle oder eines Konfliktes ist. Zwar kann es sein, dass ein bestimmtes Verhalten bei uns Gereiztheit, Wut oder Aggressivität auslöst, die Ursache jedoch liegt in uns selbst. [...] Statt zu denken, ich habe bestimmte Gefühle, weil der andere etwas Bestimmtes getan hat, sagen wir in der Gewaltfreien Kommunikation: ›Ich fühle mich ..., weil ich ... brauche‹.«

Würden wir unserem Kind in einer Trotzsituation daher die Schuld anlasten, lägen wir damit einerseits falsch, andererseits würden wir das bestehende Problem noch weiter vertiefen, da sich das Kind noch nicht in uns hineinversetzen und unseren Ärger nicht nachvollziehen kann. In vielen Situationen ist es deswegen vorteilhafter, wenn wir unsere eigenen Gefühle ohne Schuldzuweisung benennen und darüber hinaus dem Kind mit Worten verdeutlichen, dass wir seine Gefühle verstehen: Wir »spiegeln«, wenn wir unserem Kind durch unsere Mimik, Gestik oder unsere Sprache verdeutlichen, dass wir seine Empfindungen verstehen, und zeigen, wie es auf uns wirkt.

Spiegeln ist kein »Nachäffen«, sondern ein ernst gemeinter Versuch, das Empfinden wie in einem Spiegel abzubilden. Wenn unser Kind wütend schreit, weil es beim Geschenkekauf kein eigenes Geschenk bekommt, könnten wir denken: »Das macht es jetzt nur, damit es doch eins bekommt. Es will mich erpressen!« In Wirklichkeit aber ist es einfach frustriert. Es hilft ihm nicht, wenn wir ihm sagen, dass es so erst recht nichts bekommt und wir es nie wieder mitnehmen. Dadurch wird es nur noch frustrierter, weil eine weitere Einschränkung dazukommt. Es hilft ihm eher, aus der Wut herauszukommen, wenn wir verstehen und annehmen, was es fühlt – Frustration, Trauer, Wut –, und diese Gefühle mit Worten ausdrücken: »Ich verstehe, dass du traurig bist, weil du kein Geschenk bekommst, obwohl wir welche einkaufen. Jeder bekommt gerne Geschenke. Ich merke mir, was du dir wünschst.« Auch wenn es eine Weile dauert, bis das Kind sich beruhigt, ist diese Methode langfristig hilfreicher als Verärgerung.

LINKS *Eine gelingende Kommunikation mit Kindern hängt manchmal von kleinen, aber wichtigen Details ab. So kommt es zum Beispiel häufig darauf an, Blick- und Körperkontakt mit dem Kind aufzunehmen.*

# So spreche ich mit meinem Kleinkind in Problemsituationen richtig

- *Auf Augenhöhe gehen, damit das Kind Mimik und Gestik erkennen kann – gerade dann, wenn unsere Worte anscheinend nicht durchdringen.*
- *Das Kind nicht anschreien, nicht beschämen, nicht beschimpfen.*
- *Keine doppelten Verneinungen verwenden: »Es stimmt nicht, dass du es nicht gesehen hast!«*
- *Kurze, klare, eindeutige Aufforderungen in Problemsituationen formulieren: »Stopp, lass los!« – »Nein, das ist heiß!«*
- *Keine Ironie! Kleinkinder verstehen ironische Äußerungen wie »Na, das hast du ja toll gemacht!« noch nicht. Untersuchungen zeigen, dass erste Formen von Ironie frühestens zwischen vier und sechs Jahren verstanden werden.*
- *Die Gefühle des Kindes mit Worten spiegeln: »Ich verstehe, dass du das blöd findest und absolut keine Lust darauf hast.«*
- *Dem Kind keine bösen Absichten unterstellen, sondern Ich-Botschaften vermitteln: »Ich befürchte, dass du frierst und krank werden könntest, wenn ich deine Jacke nicht zumachen darf.«*
- *Nicht zuletzt immer wieder daran denken: Es ist ein Kind und kein kleiner Erwachsener.*

# Nimm es mit Humor

*Eine Grundzutat, die wir im Alltag leider oft verges-
sen, die uns aber durch eine schwierige Zeit hin-
durchhelfen kann, ist Humor. In vielen Situationen
lässt sich irgendwo ein kleines Körnchen davon finden, das zu einem guten Seelentröster werden kann.*

Humor ist dann eine helfende Kraft, wenn wir es schaffen, in konkreten Konfliktsituationen einen Schritt zurückzutreten und die Situation mit etwas Abstand zu betrachten: Werde ich in zehn Jahren immer noch ärgerlich sein über diese Situation oder werde ich mich daran erinnern und über ihre Komik lachen? Wenn die zweite Antwort wahrscheinlicher ist, können wir die Situation auch heute schon leichter annehmen. Viele Situationen im Alltag mit unseren Kindern könnten auch einem Film entspringen. Oft macht es keinen Sinn, sich zu grämen, denn damit werden wir an der Situation nichts ändern. Unser Kind wird nicht weniger wütend, wenn wir schlechte Laune haben. Aber wenn es uns gelingt, Dinge mit Humor zu nehmen, lässt sich der Alltag wesentlich leichter ertragen.

# Kleine Erholungsinseln im Alltag schaffen

Der Psychologe Jens Corssen und die Publizistin Christiane Tramitz beschreiben genau dies in ihrem Buch »Ich und die anderen« (siehe Buchtipp Seite 140): Wenn wir in einer guten Grundstimmung sind, sind wir freundlicher und wohlwollender – uns selbst und allen anderen gegenüber. Ist unsere Grundstimmung negativ, sind wir aggressiver und schneller gereizt. Es spricht also alles dafür, eine gelassene Alltagsstimmung anzustreben: Machen wir uns positive Gedanken und lächeln uns damit im Spiegel an, steigert das nachweislich unsere Stimmung. Auch kleine stimmungsaufhellende Inseln im Alltag tun gut: eine Kaffeepause einlegen, zu beschwingter Musik mittanzen, das Lieblingsbuch lesen, sich in die Arme eines anderen kuscheln. Der Alltag mit Kindern ist – selbst wenn sie keinen Wutanfall haben – oft anstrengend und es ist immer wieder wichtig, dass wir unsere eigenen Kraftreserven auffüllen, damit wir eine gute Grundstimmung haben und den Alltag eben auch mit Humor nehmen können.

· · · · · · · · · · · · · · · · · · · · · · · · · · · · · · · · · · · · · · · · · · · · · ·

*Zwischenfall auf der Döner-Messe*

*Den besten Auftritt hatte eines der Kinder auf einer Döner-Messe. Irgendwas hatte mich geritten, dass ich auf eine Döner-Messe gegangen bin. Ich dachte mir, Kinder kriegen, Haus bauen, Döner-Messe – mehr musst du nicht erlebt haben im Leben. Die Ankündigung klang so schräg, da musste ich hin. Laufe ich da also mit dreijährigem Kind umher und wundere mich über das Paralleluniversum. Da wirft sich das Kind plötzlich auf den Boden und rollt sich hin und her. Hatte es noch nie getan und es war jetzt auch kein idealer Zeitpunkt für einen Selbstfindungsschub. Es ist ja immer großartig, wenn einen hundert Leute anstarren und man versucht, den richtigen Ton zu treffen, um das Kind argumentativ wieder in die Senkrechte zu bewegen. Zu Hause jedenfalls sage ich: »Kind, das war mir aber wirklich unangenehm vorhin!« Fand ich eine diplomatische Ansage. Das Kind sieht mich ernst an und antwortet: »Mir auch, Papa, mir auch.« In einer Sitcom hätte man jetzt einen Lacher eingeblendet.*

*Caspar Clemens Mierau von vierpluseins.wtf*

# Ich liebe dich immer!

Es ist wirklich nicht immer einfach mit einem wütenden Kind. Und manchmal tun unsere Kinder Sachen, die wir nicht gutheißen können: Sie schlagen, schreien, beißen oder werfen Dinge auf den Fußboden. Und natürlich gelingt es uns nicht immer, nicht wütend zu werden. Unsere Reaktion ist abhängig von unserer Tagesverfassung, von unserem Gepäck aus der eigenen Kindheit, vom Temperament des Kindes und der Situation. Aber ganz gleich, wie die Situation auch ist, eine Sache sollten wir immer im Hinterkopf behalten: DIESE SITUATION IST DOOF, NICHT DEIN KIND! Dein Kind ist wunderbar, es macht nur gerade etwas, das dir nicht gefällt.

Genau das ist es, was unsere Kinder immer tief in sich spüren sollten: Was auch immer sie anstellen, sie werden geliebt. Das ist die Basis für ein Vertrauen in uns Eltern, das unsere Kinder über Jahre hinweg trägt und sie auch später zu uns kommen lässt, wenn sie etwas angestellt haben. Sie müssen sich darauf verlassen können, dass wir sie immer lieben, auch wenn wir mal sauer sind. Wir können es ihnen sagen, aber noch wichtiger ist, dass sie es spüren. Sie müssen wissen, dass sie uns alles anvertrauen können.

Zur Ich-liebe-dich-immer-Haltung gehört auch, dass wir nicht nachtragend sind: Wenn etwas schlecht gelaufen ist, ist das natürlich unerfreulich. Aber nachdem wir die Situation geklärt haben, stellen wir die Uhr auf null und fangen von vorne an. Auch das ist nicht immer einfach – besonders, wenn wir ein größeres Päckchen aus der Vergangenheit mit uns tragen und das kindliche Verhalten als persönlichen Angriff empfinden. Doch auch hier ist es sinnvoll, an der eigenen Reaktion zu arbeiten. Denn als Eltern sind wir die Erwachsenen, die die Situation zum Positiven wenden sollten. Es gibt keine Gründe, unsere Kinder langfristig anzuschweigen, ihnen Liebe zu entziehen oder ein zurückliegendes Problem immer wieder hervorzuholen. Denn wie gesagt: Eine positive Grundstimmung beugt weiteren Problemen vor.

# Was wir im Alltag unbedingt vermeiden sollten

So, wie es Positivzutaten gibt, die unseren Alltag erleichtern und insgesamt verbessern können, gibt es natürlich auch Zutaten, die das Familienleben und die Gesundheit nachhaltig negativ beeinflussen.

Wir alle werden als gute Menschen geboren – und unsere Erfahrungen bestimmen, ob wir so bleiben oder uns nachteilig verändern durch die negativen Zutaten, die in unser Leben kommen. Oft wird behauptet, manche Negativzutaten seien schlimmer als andere. Doch so einfach lässt sich das nicht sagen. Nicht nur die Zutat an sich hat eine Auswirkung, sondern auch der Umstand, wie oft sie zugegeben wird. Physische und psychische Gewalt nehmen beide einen negativen Einfluss auf die kindliche Entwicklung. Deswegen ist es wichtig, dass wir diese Zutaten meiden. Das bedeutet aber nicht, sie zu unterdrücken. Um nachhaltig einen entspannten Weg einschlagen zu können, müssen wir an unseren Baustellen arbeiten und uns fragen: Woher kommen die Negativzutaten in mir? Warum werde ich so wütend? Was ist der eigentliche Grund?

# Es ist doch nur ein Klaps …

Wie wir auf Seite 66 ff. gesehen haben, sind manche Verhaltensmuster tief in uns verwurzelt und werden von Generation zu Generation weitergegeben. Wer als Kind Gewalt von den Eltern erlebt hat, neigt eher dazu, die eigenen Kinder ebenfalls zu schlagen. Auch die schon erwähnte Überforderung kann ein Grund sein, warum Eltern in problematischen Situationen zuschlagen. Doch die Redewendung »Es ist doch nur ein Klaps!« ist nicht richtig: Zwar ist anzunehmen, dass in vielen Fällen ein einmaliger Schlag auf den Po keine schwerwiegenden Folgen oder gar Traumata nach sich zieht, ganz sicher können wir jedoch nicht sein und die Auswirkungen sind auch abhängig von anderen Lebensfaktoren des Kindes.

Gewalt gegen andere Menschen ist nicht richtig und eine Verharmlosung durch Worte wie »Klaps« öffnet ein Fenster zur Gewalt, das nicht geöffnet werden sollte. Es gibt keine schlimmere oder weniger schlimme Gewalt. Wir Eltern sollten nicht darüber nachdenken, was wir uns erlauben können und was nicht, sondern den Gedanken verinnerlichen, dass JEDE Gewalt ohne Abstufung nicht gut ist: eine Ohrfeige ebenso wenig wie ein Schlag auf den Po oder ein Hieb mit einem Kochlöffel. Wer den Drang verspürt, das eigene Kind zu schlagen, sollte in einer konkreten Situation Abstand nehmen, die Hände hinter dem Rücken verschränken und sich selbst in Gedanken beruhigen. In einem nächsten Schritt sollte dann eine Beratung aufgesucht werden.

»Manchmal wird Eltern geraten, eine Auszeit zu verhängen, statt ihre Kinder zu verprügeln – als ob es nur diese beiden Möglichkeiten gäbe. In Wirklichkeit sind, wie wir gesehen haben, beide Methoden Formen von Bestrafung. Sie unterscheiden sich nur darin, ob den Kindern körperliches oder emotionales Leid zugefügt wird.«
Alfie Kohn

## Auszeiten

In vielen neueren Büchern ist von »Auszeiten« als Lösung in Konfliktsituationen zu lesen: Das Kind wird für eine gewisse Weile nach einem negativen

Verhalten in das Zimmer geschickt, soll sich auf einen »stillen Stuhl« setzen oder in die Ecke stellen. Diese Methode wurde lange Zeit, insbesondere in den USA und Großbritannien, als Alternative zur körperlichen Züchtigung von Kindern empfohlen mit dem Gedanken, die körperliche Gewalt gegen Kinder zu verhindern und Eltern die Möglichkeit zu geben, Kinder auf »sanftere Weise« zu disziplinieren.

Doch auch seelische Gewalt ist Gewalt und genau diese wird hier ausgeübt. Das Kind erfährt auf sehr harte Weise Zurückweisung für ein Verhalten, für das es ja – wie wir wissen – nichts kann. Es erfährt: »So, wie du bist, bist du nicht okay«, denn es wird in seiner ganzen Person ausgegrenzt und mit Bindungsabbruch bestraft. Was wir jedoch eigentlich meinen, wenn ein Kind sich entgegen unseren Erwartungen verhält, ist: »Was du GETAN HAST, finde ICH nicht okay.«

## Gefühle regulieren

Die richtige Lösung ist deswegen, dass wir das Verhalten des Kindes wahrnehmen, die Ursache verstehen, es als Situation annehmen und dann das Verhalten des Kindes sprachlich spiegeln: »Du bist gerade wütend, weil ...« und dann sehen, wie wir die Gefühle des Kindes wieder gemeinsam regulieren können. Eine »Auszeit« dagegen unterstützt das Kind nicht in der Regulation, sondern führt eher zu weiteren Stressreaktionen, einem abschließenden Aufhören durch Überforderung des Stresssystems (siehe Seite 49) und der Vermittlung eines negativen Selbstbildes (»Du bist nicht okay!«) mit weiteren Konsequenzen. Deswegen sind Auszeiten ebenso wie andere Strafen keine guten Zutaten für ein glückliches Familienleben.

Auszeiten sind nur für bestimmte Personen manchmal geeignet: für uns selbst als Eltern. Wir können nämlich zu unserem Kind sagen: »ICH bin gerade etwas überfordert mit dieser Situation und muss MICH jetzt erst mal hinsetzen und tief durchatmen.«

# Schreien

Die meisten von uns tragen ein Paket aus ihrer eigenen Kindheit mit sich herum und können stolz darauf sein, dass sie ihre Kinder nicht schlagen, obwohl sie selbst als Kind körperliche Gewalt von den Eltern erfahren haben. Aber die Verwundungen und erlernten Verhaltensmuster sitzen tief. Schritt für Schritt einen neuen Weg zu beschreiten, ist ein gutes Ziel. Doch wir sollten nicht zu viel von uns erwarten. Mit der Last, die vielen von uns auf den Schultern lastet, werden wir nicht von heute auf morgen innerlich zu einem tibetanischen Mönch. Doch durch Selbstreflexion und Arbeit an den positiven Zutaten können wir immer mehr die eigene Vergangenheit hinter uns lassen. Wenn wir die Negativzutat Schlagen aus unserem Leben entfernt haben, können wir am Schreien arbeiten. Auch das ist keine gute Möglichkeit, um in Konfliktsituationen

mit dem Kind umzugehen: Schreie verängstigen, machen klein und hilflos. Das Machtgefälle zwischen Eltern und Kind wird vergrößert und das Kind bestraft, oft ohne Möglichkeit, sich gegen den wütenden Elternteil zu behaupten. Auch das Anschreien des
Kindes ist eine Form von Gewalt. Langfristig lernt das Kind, wenn es oft angeschrien
wird, dass es nicht okay ist und nicht um seiner selbst willen geliebt wird. Das Selbst-
wertgefühl leidet, es kommt zu Wut und Resignation.

## Sechs Tipps gegen die Wut

- Wenn du merkst, dass die Wut in dir aufsteigt, halte kurz inne
  und zähle rückwärts von fünf bis eins. Wenn du sehr wütend
  bist, zähle von zehn bis eins.
- Nicht dein Kind braucht eine Auszeit, sondern du: Sag deinem
  Kind, dass du dich kurz sammeln musst. Geh in einen anderen
  Raum. Wenn du magst, reibe die Hände aneinander und lege
  eine warme Hand auf deine Stirn, die andere auf deinen Bauch
  und genieße kurz die beruhigende Wirkung.
- Simhasana (der Löwe) ist eine Übung aus dem Yoga zur Kontrolle der Emotionen: Knie dich hin, lege die Hände auf die Knie,
  spreize die Finger und strecke die Zunge heraus. Schiele nach
  oben zum Punkt zwischen den Augenbrauen und brülle beim
  Ausatmen wie ein Löwe.
- Wenn du befürchtest, dein Kind schlagen zu wollen, ziehe dich
  zurück und verschränke die Hände hinter dem Rücken.
- Wenn du langfristig nicht mit der Regulation deiner Wut zu-
  rechtkommst, besuche einen Elternkurs, der dir dabei helfen
  kann, deine Emotionen zu kontrollieren.
- Trink einen Schluck Wasser. So wird der Parasympathikus sti-
  muliert, der dich wieder entspannt.

OBEN *Nicht nur Kinder brauchen geeignete Mittel, um ihren Zorn zu bändigen, auch wir Eltern. Bei Wut und Aufregung kann eine Yogaübung wie Simhasana (der Löwe) helfen, die hochkochenden Gefühle zu besänftigen.*

Natürlich müssen wir nicht alle Situationen hinnehmen. Wir dürfen – und sollten – authentisch sein. Das bedeutet, dass wir unseren Ärger und auch unsere Hilflosigkeit ausdrücken dürfen. Wir dürfen schimpfen und sagen, dass WIR etwas gerade doof finden oder es UNS stört. Wir sollen unsere negativen Empfindungen ausdrücken. Doch wir müssen darauf achten, dass wir dabei nicht die Schwelle überschreiten vom Verbalisieren unseres Ärgers zum Angstmachen. Wenn wir unsere Gefühle ehrlich ausdrücken, ohne dabei unsere Kinder zu beschämen oder zu verängstigen, können wir unseren Unmut klar äußern. Wir können von uns selbst sprechen, ohne unseren Kindern die Schuld zu geben.

# KONFLIKTE MIT DEM KIND MEISTERN

Wut-Konflikt-Situationen entstehen meistens aus drei Gründen: weil wir das Kind unterschätzen, weil wir es überschätzen oder weil wir seine Eigenständigkeit so sehr behindert haben, dass es nicht mehr kooperieren mag. Sind wir zudem gestresst, ist die Wahrscheinlichkeit einer Auseinandersetzung hoch. Gerade in Routinesituationen wie Essen, Schlafen oder Sauberkeit kommt es häufiger zu Problemen mit dem Kind, denen wir mit etwas Übung jedoch oft vorbeugen können.

# Routinen können uns behindern

Ein großer Teil unseres Lebens mit Kindern findet in den ersten Jahren noch zu Hause statt. Dort sind es die alltäglichen Routinen, die unseren Alltag bestimmen und die in der Autonomiephase auch öfter zu Komplikationen führen können.

Das passiert gerade deswegen, weil es eben eingeschliffene Muster sind und wir manchmal vergessen, gedanklich mit unseren Kindern mitzuwachsen. Anders ausgedrückt: Wir sehen den Wald vor Bäumen nicht! In unserem Alltag schmieren eben wir IMMER die Brötchen für das Kind oder legen IMMER seine Kleidung heraus und vergessen, dass es nun in einem Alter ist, in dem es das selbst kann. Zuweilen untergraben wir sogar die Bereitschaft unseres Kindes zur freiwilligen Mitarbeit, wenn wir meinen, es sei noch zu klein. Wir behindern das Kind am Kooperieren und wundern uns dann, wenn es nicht kooperiert: Ein Kind, dem wir immer sagen, es solle lieber nicht das Geschirr tragen, weil etwas kaputtgehen könnte, wird von sich aus nicht auf die Idee kommen, eines Tages den Tisch zu decken. Es hat die Lust an der Aufgabe verloren.

· · · · · · · · · · · · · · · · · · · · · · · · · · · · · · · · · · · · · · · · ·

*Platz schaffen für eigenständiges Anziehen*

*Wie jedes Jahr, beginne ich vor dem Frühlingsbeginn (und vor dem Wintereinbruch), ihren Schrank auszusortieren, sodass sie entweder Klamotten für die warme oder eben nur für die kalte Jahreszeit vorfinden kann. Ich mag dieses System, denn es schafft viel Raum in ihrem Kleiderschrank und macht unseren Alltag viel reibungsloser, wenn sie sich selbst Klamotten zum Anziehen aussucht oder ihre Klamotten wieder wegräumen will. Bereits als Kleinkind haben wir sie beim alltäglichen Wäschewegräumen so oft wie möglich mit eingebunden und auch beim Anziehen selbst hatten wir oft die Gelegenheit zu besprechen, zu welchem Wetter oder Anlass welche Klamotten passen.*

*Anna von www.elternvommars.com*

# Eltern brauchen alltagstaugliche Hilfen

So, wie wir an einigen Stellen nicht sehen, dass unser Kind gewachsen ist und mehr kann, als wir denken, haben wir an anderen Stellen falsche Vorstellungen davon, was es schon können sollte. Seien wir ehrlich: Auch mit drei, vier oder fünf Jahren ist ein Kind noch sehr kurz auf der Welt und hat im Vergleich zu uns noch recht wenig Erfahrung. Seine Beine sind noch kurz und es kann nicht so schnell und weit laufen wie wir. Auch wenn nachts nie etwas Schlimmes passiert ist, kann es noch Angst in der Dunkelheit haben oder traut sich nicht allein auf Toilette.

Wenn wir schwierige Situationen im häuslichen Alltag zu meistern haben, kommen wir mit unserer Strategie HINSEHEN – VERSTEHEN – ANNEHMEN voran: Wir müssen hinsehen und erkennen, um welche Art des Grundproblems es sich handelt, müssen dieses verstehen und die kindliche Reaktion annehmen, um eine passende Lösung zu finden. In den meisten Fällen gibt es nicht die eine immer richtige Lösung – dazu ist jede Familie zu individuell. Wenn wir nach Lösungen suchen, müssen sich alle damit wohlfühlen. Eine besondere Anforderung ist deswegen Alltagstauglichkeit: Sicherlich lässt sich so manches Problem der frühen Kindheit auf besonders kreative

Weise lösen, aber die Energie, die wir in die Lösung stecken, sollte nicht zu einer zusätzlichen Belastung werden, wenn wir als Eltern ohnehin schon erschöpft sind. Unsere Strategie sollte deswegen sein, durch möglichst minimale Änderungen einen großen Erfolg im Miteinander zu erzielen.

# Leitfaden für schwierige Situationen

In den nächsten Kapiteln erfährst du, wie du viele Probleme im Alltag entschärfen kannst und wie du durch kleine Änderungen vielen Konfliktsituationen vorbeugen kannst. Trotzdem kommt es immer wieder mal zu Auseinandersetzungen. In vielen Situationen hilft dir der immer gleiche Ablauf, um damit zurechtzukommen:

- **Aus der Nähe kommunizieren:** Es bringt nichts, quer durch den Raum zu schreien. Begib dich auf Augenhöhe mit deinem Kind und tritt nah an es heran, sodass es dich gut sehen und bei normaler Lautstärke verstehen kann.
- **Nachdenken:** Was ist für dein Kind gerade schwierig? Geht es um Selbstständigkeit? Um Ressourcen? Wenn du das Verhalten deines Kindes spiegelst, kannst du dich oft besser in die Situation einfühlen:»Du willst das nicht!« Wichtig ist, sich wirklich die Mühe zu machen, die Beweggründe des Kindes zu verstehen.
- **Kommunikation:** Manchmal sind Kinder in wütenden Situationen sprachlich erreichbar, manchmal nicht. Verwende keine zu komplexen Sätze. Zeige Einfühlungsvermögen: Schreie nicht, belehre nicht, sondern sei verständnisvoll. Dieses Gefühl drückt sich nicht nur durch Worte aus, sondern auch durch deine Sprachmelodie. Spiegle das Verhalten und die Worte deines Kindes auf verständnisvolle Art, damit dein Kind merkt, dass du es verstanden hast.
- **Erklärung und Alternative:** Auch wenn wir unser Kind verstehen, können wir doch oft nichts an der Situation ändern. Deswegen ist es wichtig zu erklären, warum das Kind dieses oder jenes nicht bekommt oder nicht machen kann. So bildet sich auch beim Kind im Laufe der Zeit Verständnis aus. Wir erklären unserem Kind: »Du bist wütend, weil du dieses Spielzeug nicht bekommst. Ich kann es dir nicht kaufen, weil ich kein Geld dafür ausgeben kann.« Wenn eine Sache jedoch sehr wichtig ist, kön-

nen wir eine Alternative anbieten: »Ich kann mir das Spielzeug merken und auf deine Wunschliste schreiben.« Zukünftige Alternativen bieten sich in vielen Situationen an, beispielsweise auch immer dann, wenn es um das selbstständige Anziehen und Losgehen geht: »Beim nächsten Mal plane ich mehr Zeit ein!«

- **Bei verletzendem Verhalten:** Schlägt das Kind um sich oder beißt es, müssen wir andere und unser Kind vor Verletzungen schützen, indem wir andere Kinder bitten, Abstand zu nehmen, oder einen Gegenstand, mit dem geschlagen wird, an uns nehmen. Wir können Alternativen anbieten und die Wut versprachlichen: »Du bist furchtbar wütend darüber, dass du das Spielzeug nicht haben kannst. Statt Alma zu beißen, nimm das Kissen, um hineinzuhauen oder zu -beißen.«

UNTEN *Jede schwierige Phase geht einmal vorüber – das gilt auch für die Trotzphase.*

- **Wenn alles nichts hilft:** Manchmal verstehen wir nicht, warum unser Kind wütet. Es kann verschiedene Gründe geben: Vielleicht kann sich das Kind sprachlich noch nicht gut ausdrücken. Oder wir können uns nicht einfühlen und interpretieren falsch. Oder das Kind gerät von einer Wutsituation in die nächste. »Blitzableiter-Tage« nennen Danielle Graf und Katja Seide (siehe Buchtipp Seite 140) diese Tage, an denen Kinder in sogenannten Wut-Ketten gefangen sind, die mit der Gehirnentwicklung zusammenhängen (siehe Seite 22 f.). In all diesen Situationen hilft nur, da zu sein, das Verhalten anzunehmen und darauf zu vertrauen, dass auch diese Phase vorbeigeht.

# Schlafen: Wo liegt das Problem?

Schlaf ist ein typisches Konfliktfeld in der Autonomiezeit, denn das Kind ist hin- und hergerissen zwischen zwei Extremen: Es möchte über Zeitpunkt und Form allein entscheiden, ist dabei aber noch ängstlich und auf seine Bezugspersonen angewiesen.

So kommt es auf der einen Seite zu Konflikten rund um »Nein, ich will (jetzt) nicht ins Bett!«, »Nein, ich will noch das ganze Buch vorgelesen bekommen« und auf der anderen Seite »Nein, ich will nicht allein schlafen!«. Dabei treffen nicht nur beim Kind oft verschiedene Probleme aufeinander, sondern es ergibt sich auch ein Konfliktfeld zwischen Eltern und Kind: Wo wir im Alltag vielleicht durchaus mal nachgeben oder von unseren Ansichten abrücken, hat das hier ein Ende: Unser Schlaf ist uns wichtig und eine natürliche Grenze, die nicht angetastet werden soll. Wir Eltern wünschen uns entspannte Abendstunden, wollen abschalten und Zeit für uns haben – ohne Kind.

Wird das Bett zur Wutzone, müssen wir zunächst verstehen, woher das eigentliche Problem kommt: Es sind ganz unterschiedliche Erwartungen zwischen Eltern und Kind.

# Schlafprobleme des Kindes verstehen

Auch wenn es uns schwerfällt, es zu verstehen, macht auch hier das Aufbegehren des Kindes Sinn: Denn in der Kleinkind- und Vorschulzeit steht nun an, dass das Kind Selbstregulationsfähigkeiten erwirbt und das Einschlafen ohne Einschlafstillen oder Fläschchen funktioniert. Den evolutionsbiologischen Ausführungen auf Seite 18 f. entsprechend, ist nun außerdem die Zeit, in der ein Geschwisterkind geboren werden würde und das Kind weniger ausschließliche Zuwendung erhält – auch beim Einschlafen. Der große Entwicklungsschritt des selbstständigen Einschlafens steht also bevor, selbst wenn sich in unserem heutigen Leben gar kein Geschwisterkind ankündigt und die Eltern vielleicht sogar gewillt sind, noch lange eine Einschlafbegleitung anzubieten. Das Kind jedenfalls spürt, dass es nun selbst vor einer großen Aufgabe steht, und erprobt den Umgang damit: Wann bin ich wirklich müde? Wie gestalte ich den Ablauf für mich? Dazu kommt, dass sich nach dem ersten Geburtstag das Schlafverhalten noch einmal grundlegend verändert und die zwei Tagesschläfchen zu einem einzigen Mittagsschlaf zusammengelegt werden – eine große Änderung für den Körper, die in der Übergangszeit kräftezehrend sein kann. Und wenn der Mittagsschlaf schließlich ganz wegfällt, kann der fehlende Schlaf erneut zu Konflikten durch Übermüdung führen.

Doch auch jetzt ist das Kind noch auf die Pflege der Erwachsenen angewiesen: Das Steinzeitkind im Gehirn unseres Kindes besteht darauf, eine vor wilden Tieren und dem Verlassenwerden sichere Schlafumgebung zu haben. Und dieser Schutz ist abhängig von uns Erwachsenen. Das Kleinkind möchte weiterhin sicher sein, dass wir noch in der Nähe sind – und dies nicht nur beim Einschlafen, sondern auch nachts. Wenn wir diesem Bedürfnis nach Schutz nicht nachkommen, wähnt sich unser Kind in Gefahr und es kommt zum lautstarken Einfordern der gewünschten Zuwendung.

Wir können nichts daran ändern, dass sich das Schlafverhalten des Kindes ändert. Doch wir können unserem vielleicht übermüdeten Kind Verständnis statt Erwartungen entgegenbringen. Wir können auch nichts daran ändern, dass das Kind noch lange auf ein Gefühl der Sicherheit angewiesen ist. Aber wir können dieses Bedürfnis annehmen und eine Situation so gestalten, dass das Bedürfnis erfüllt werden kann.

# Anregungen für entspannte Abendstunden

- Ist das Kind durch fehlende oder sich umstellende Schlafzeiten erschöpft, sollten wir unsere Erwartungen zurückschrauben: Gerade jetzt wird das Kind keine langen Strecken laufen oder Treppen steigen können und auch Nachmittagstermine sind anstrengend. Vereinfachung ist deswegen gefragt: Wird das Kind nicht mehr getragen, bietet sich bei langen Strecken ein Kinderwagen an. Auch Verabredungen mit einem müden Kind sind für keinen der Beteiligten angenehm und sollten vielleicht eine Weile warten.

- Beteiligung ist nun auch beim Schlafen wichtig. Das Kind möchte eigene Bedürfnisse einbringen und berücksichtigt wissen. Wichtig ist hier, dass wir unsere elterliche Linie klar kennen (siehe Seite 134 ff.), darüber hinaus können wir jedoch nach Bedarf des Kindes Routinen abwandeln: Wer gerne vorliest, kann auch drei Geschichten erzählen statt nur einer. Bücher, Schlafkleidung und Bettwäsche bieten viele Möglichkeiten, bei denen das Kind aktiv bestimmen kann. Und muss das Kind wirklich einen Schlafanzug anziehen oder geht es nicht auch, einfach mal in den Tagessachen zu schlafen?

- Wir wissen: Das Steinzeitkind im Gehirn unseres Kindes hat Angst vor der Dunkelheit und den darin lauernden Gefahren. Haben wir ein aus Angst protestierendes Kind, sollten wir an den Rahmenbedingungen des Schlafens arbeiten und uns und das Kind fragen: Wie fühlst du dich wohl und sicher nachts? Bei einigen Kindern mag ein Nachtlicht reichen, andere müssen abends gemeinsam mit den Eltern auf Monsterjagd gehen, »bewaffnet« mit Monsterspray. Wieder anderen reicht vielleicht ein besonderes Kuscheltier oder von den Eltern getragenes Shirt, um sich sicherer zu fühlen. Oder das Kind ist vielleicht besonders nähebedürftig und braucht am Abend und nachts viele Kuscheleinheiten.

LINKS *Manche Kinder ziehen erst nach der Vorschulzeit aus dem Elternbett aus oder kommen noch lange Nacht für Nacht hinein. Doch auch wenn sie uns vorerst noch brauchen: Irgendwann ziehen sie ganz sicher aus!*

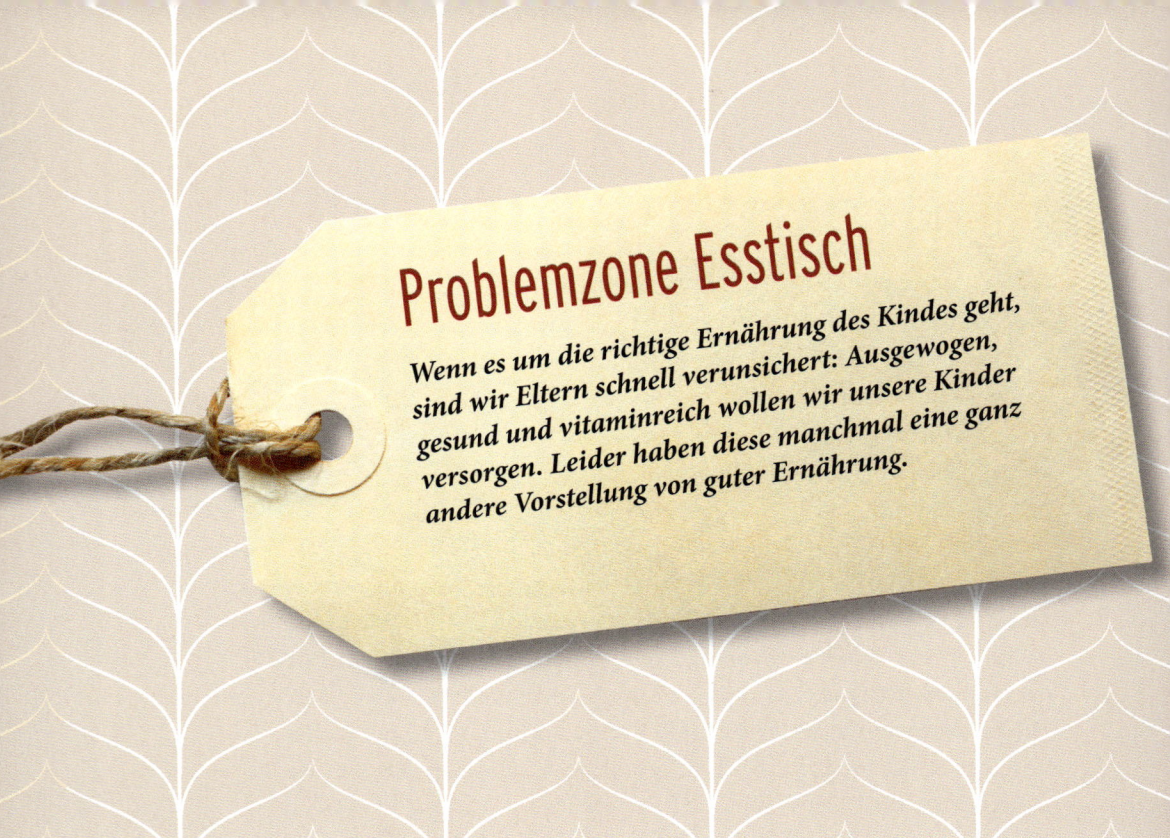

# Problemzone Esstisch

Wenn es um die richtige Ernährung des Kindes geht, sind wir Eltern schnell verunsichert: Ausgewogen, gesund und vitaminreich wollen wir unsere Kinder versorgen. Leider haben diese manchmal eine ganz andere Vorstellung von guter Ernährung.

## Kindliches Ernährungsverhalten verstehen

Wir haben schon gesehen: Kinder sind anders als Erwachsene. Sie denken anders, sie handeln anders. Sie handeln und denken aber nicht schlechter als wir Erwachsene, sondern eben nur so, wie es für sie zum aktuellen Entwicklungszeitpunkt richtig ist. Das betrifft auch ihre Ernährung: Wenn wir ihnen die Möglichkeit geben, aus einer gesunden (!) Palette von Nahrungsmitteln auszuwählen, ernähren sie sich langfristig gesund – auch wenn wir es kaum aushalten können, dass sie vielleicht tagelang nur Nudeln oder Brot mit Frischkäse essen wollen. Anders als wir haben unsere Kinder nämlich noch ein recht gutes Körpergefühl und essen das, was sie brauchen.

Allerdings unterwandern wir dieses Gefühl, wenn wir ihnen als Hauptnahrungsmittel nicht gesunde Zutaten anbieten, sondern zucker- und fetthaltige Speisen. Dann reagieren sie wie die meisten Menschen: Das Steinzeitgehirn übernimmt die Führung und legt einen Vorrat im Körper an, den wir heute nicht mehr benötigen. Wenn Kinder beständig Pommes, frittierten Fisch und Fleischbällchen neben gezuckerten Getränken angeboten bekommen, werden sie dies mit hoher Wahrscheinlichkeit annehmen. Haben wir solche Nahrungsmittel überhaupt nicht im Repertoire – da Kinder sie nicht brauchen –, gibt es keine Diskussionen darum.

Natürlich müssen wir Süßigkeiten auch nicht vollkommen verdammen: Ein freier Zugang zu einer kleinen Auswahl von Süßigkeiten kann dem Kind das Gefühl geben, eigenständige Entscheidungen zu treffen – in dem von uns vorgegebenen Rahmen. Meist sind es nur unsere elterlichen Tabus, die Konflikte in die Ernährung einbringen, die nicht da sein müssten.

Doch unabhängig von der Vorliebe für fett- und zuckerhaltige Speisen gibt es bei nahezu allen Kindern in der frühen Kindheit Vorbehalte gegenüber neuen Speisen. Diese Neophobien, die sogar unter Tierkindern vorkommen, sind auch wieder eine ganz normale Verhaltensweise des Kindes, denn die Angst vor Neuem schützt das Kind vor Vergiftung durch ungenießbare Speisen. Was uns am Esstisch also so manchen Streit beschert, ist eigentlich eine sinnvolle Eigenschaft und kein Anlass zum Streit. Wenn wir unseren Kindern immer wieder die gleichen Nahrungsmittel anbieten, können sie ihre Neophobien irgendwann überwinden.

Allerdings ist es wichtig, hier keinen Druck auszuüben: Wir können Kindern eine Speise anbieten, essen müssen sie sie aber nicht. Auch kein Probehäppchen und kein Druckmittel wie »Wenn du das nicht probierst, gibt es auch keinen Nachtisch!«. Solche Maßnahmen führen zwangsläufig zu Konflikten bei Tisch, da sich das Kind weder in seinem körperlichen Bedürfnis (nach Vermeidung der Speise) noch in seiner Selbstständigkeit beachtet fühlt.

Neben der Auswahl der Nahrungsmittel sind es noch die Tischmanieren, die beim Essen immer wieder zum Problem werden. Doch auch hier lohnt es sich, entspannt zu bleiben. Kinder müssen zunächst mit allen Sinnen Nahrungsmittel erkunden und auch in späteren Jahren finden sie es manchmal verlockend, einen Finger in das Essen zu stecken, um die Konsistenz und Temperatur zu erfühlen. Vorbilder für das richtige Essverhalten sind wir und unsere sozialen und kooperativen Kinder wünschen sich durchaus, unser Verhalten nachzuahmen. Manchmal werfen Kinder Essen, Besteck oder Geschirr auf den Boden – weil sie die Schwerkraft testen oder anzeigen wollen, dass sie nicht mehr essen möchten.

Hier gilt ebenso wie sonst, das kindliche Verhalten zunächst zu verstehen und dann andere Möglichkeiten anzubieten: Die Schwerkraft kann mit Spielzeug außerhalb der Mahlzeiten überprüft werden und das Beenden der Mahlzeit kann genauso mit anderen Signalen ausgedrückt werden.

### Eine altersgerechte Umgebung für Selbstständigkeit anbieten

*Die Süßigkeitenschublade ist für Bubba Ray erreichbar und leicht zu öffnen, nicht aber für D-Von, der ohne Backenzähne noch nicht alles kauen kann. Wünscht sich Bubba Ray fernzusehen, dann biete ich ihm kurze Serien an, die ich selber vorher geschaut habe, die keinen schädlichen Inhalt haben, ihn nicht überfordern und überreizen. Und in den Kleiderschränken liegen im Sommer die Sommersachen und im Winter die Wintersachen. So, wie es einen Wochenplan gibt, auf dem er genau sehen kann, welche Aktivität ansteht, lernt er anhand des Angebotes ganz genau, was unsere Werte sind, was wir uns als Familie zutrauen, und selbst solche Dinge wie die Jahreszeiten. All das tue ich nicht, weil ich einen genauen Erziehungsplan oder gar Ziele hätte, sondern weil für mich ganz selbstverständlich ist, meinen Sohn nicht an einer Nuss ersticken zu lassen, wenn ich weiß, dass er sie nicht kauen kann. Und diese Dinge sind nicht starr; findet ein Kind ein T-Shirt, das es unbedingt anziehen möchte, das aber viel zu kalt ist, dann zieht es das an. Genau wie ich jeden Morgen die Mütze und den Schal in die Tasche schmeiße, die Bubba partout nicht anziehen mag. »Für später«, sage ich dann, »nur falls dir kalt wird.« Er nimmt es manchmal an – und manchmal nicht.*

*Kathrin von www.oeko-hippie-rabenmuetter.de*

# Anregungen für wutfreie Mahlzeiten

- Kinder sollen und dürfen an der Zubereitung des Essens, am Tischdecken und -abräumen von Anfang an beteiligt werden. Schon mit zwei Jahren können sie sich Brote schmieren und ihren Teller zur Spüle bringen.

- Auch unser Tischarrangement sagt aus, ob wir unser Kind ernst nehmen und ihm vertrauen oder nicht: Kinder brauchen keine bedruckten Plastikteller, -schüsseln und -tassen. Sie können von »echtem« Geschirr essen (und kleine Trinkgläser nutzen) und von Anfang an den richtigen Umgang damit lernen.

- Kinder sollten niemals zum Essen gezwungen werden. Auch wenn es Phasen gibt, in denen wenig gegessen wird oder Nahrungsmittel gemieden werden, verhungert kein gesundes Kind am gedeckten Tisch.

- Es macht Sinn, Kindern immer mal wieder Speisen anzubieten, die sie noch nicht kennen oder bisher nicht essen wollten. Aber sie sollten nicht zu einem Probehappen gezwungen werden. Geschmäcker entwickeln sich und bestimmte Nahrungsmittel werden erst im Lauf der Zeit zum Genuss.

- Auszeiten und die Beendigung von Mahlzeiten wegen eines »Fehlverhaltens« sind keine guten Mittel, um Tischmanieren durchzusetzen, sondern führen zur sozialen und emotionalen Isolation und damit letztlich zu weiteren Wutsituationen.

- Am Tisch sind wir wichtige Vorbilder: Wir sagen »bitte« und »danke«, essen mit Besteck und unterhalten uns zugewandt. All dies wird unser Kind von uns lernen.

- Unsere Kinder sind Kinder und müssen auch das Tischverhalten nach und nach erst lernen. Unsere Erwartungen sollten deswegen nicht zu hoch sein. Es ist immer besser, angenehm überrascht zu sein als enttäuscht.

- Mahlzeiten sind auch soziale Momente: Hier können Erlebnisse des Tages noch einmal in Ruhe aufgegriffen und besprochen werden.

- Achtsam am Tisch kommunizieren bedeutet, dass jeder zu Wort kommen kann. Kleine Kinder können aber noch nicht lange warten, deswegen sollte ihr Redebedürfnis berücksichtigt werden. Größeren Kindern kann man mit einem Zeichen signalisieren, dass sie gleich ihre Geschichte erzählen können.

# »Ich räum nicht auf, du räumst auf!«

Wir Eltern haben eine ziemlich genaue Vorstellung davon, wie unsere Wohnung aussehen soll und an welchen Orten welche Dinge zu finden sind. Doch mit unseren rationalen Entscheidungen können Kinder gewöhnlich nichts anfangen.

Kinder haben noch ein vollkommen anderes und stetig wandelbares Bild von Ordnung. Sie sortieren nach Farben, Formen, Größen … und jeden Tag anders. Das, was wir mit Aufräumen meinen, meinen sie selbst meistens nicht. Die Bitte »Räum dein Zimmer auf!« überfordert ein Kleinkind. Verständlicherweise verweigert sich das Kind oder wirft ein »Ich räum nicht auf!« zurück. Hierdurch kommen viele Eltern in eine missliche Lage, denn natürlich wünschen sie sich ein aufgeräumtes Zimmer oder gar eine aufgeräumte Wohnung. Sie können ihr Kind jedoch nicht dazu bewegen und versuchen dann, durch eine Drohung das gewünschte Ergebnis zu erzielen: »Wenn du nicht aufräumst, dann …« Dadurch wird jedoch nur weiter Druck aufgebaut, dem das Kind nicht standhalten kann. Es kommt zu einem – berechtigten – Wutanfall.

Sinnvoller ist es deswegen, unsere Erwartungen an die Fähigkeiten unserer Kinder anzupassen: Sie können noch lange nicht aufräumen wie wir, aber sie können auf ihre Weise mithelfen und machen das auch gerne, wenn sie respektvoll behandelt werden. Gemeinsames Aufräumen ohne Zwang und in guter Laune ist deswegen eine sinnvollere Lösung als der Anspruch, das Kind müsse dies alleine tun. Wir sind Vorbilder: Es ist sinnvoll, gemeinsam mit dem Kind aufzuräumen und die Arbeit des Kindes anzuerkennen. Auch außerhalb der konkreten Aufräumsituation sind wir jedoch Vorbilder und sollten darauf achten, selbst nicht Dinge achtlos auf den Boden zu werfen oder zu vergessen, sie an den richtigen Platz zu räumen.

## So vermeidest du das Aufräumchaos

- *Regelmäßig aussortieren: Welche Spielsachen werden nicht mehr gebraucht? Welche sind kaputt? Meistens benutzen Kinder nur wenig Spielzeug regelmäßig. Weniger Spielzeug bedeutet weniger Aufräumarbeit. Anregungen dazu findet man im Internet unter dem Suchbegriff »Spielzeugfreies Kinderzimmer«.*
- *Rituale zum Aufräumen einführen und gemeinsam durchführen: Alleine aufräumen funktioniert nicht, solange unser Kind nicht unsere Perspektive einnehmen kann. Jeden Tag eine kurze, spielerische Aufräumzeit gemeinsam zu zelebrieren, kann jedoch gut in den Alltag eingebunden werden: Ein Aufräumlied kann die Aktion einläuten (»Aufräumzeit, es ist so weit! Alle Leute räumen auf!«), mit einem Aufräumkörbchen können kleinere Kinder erst einmal alle Dinge vom Boden einsammeln.*
- *Alles hat seinen Platz: Es fällt Kindern leichter aufzuräumen, wenn sie wissen, an welchen Ort welches Spielzeug gehört. Je jünger das Kind ist, desto hilfreicher können mit Bildern versehene Kisten und Regale sein.*

# Wie das Sauberwerden konfliktfrei gelingt

Irgendwann im zweiten Lebensjahr des Kindes stellen sich Eltern meist die Frage, wann das Kind endlich keine Windeln mehr benötigt. Der Druck von außen wird größer, das Verständnis für das schon laufende und sprechende Kind geringer.

Wir selbst kommen ja aus der Zeit, in der die Sauberkeitserziehung mit Töpfchentraining durchgeführt wurde. Problematisch an der Töpfchenfrage ist dabei, dass wir unserem Kind den Windelgebrauch selbst anerzogen haben: Etwa 90 Prozent der Babys weltweit kommen ganz oder teilweise ohne Windeln aus, weil von Anfang an die Ausscheidungssignale des Babys berücksichtigt werden und das Kind dementsprechend zur Ausscheidung über ein Töpfchen oder in die Natur gehalten wird. Ob wir das auch so machen wollen, ist jeder Familie selbst überlassen. Für das Verständnis der Sauberkeitskonflikte ist jedoch wichtig zu wissen, dass wir Eltern uns diese selbst »eingebrockt« haben. Wir dürfen daher nicht zu viel von unseren Kindern erwarten und nicht denken, dass sie ihr Verhalten von heute auf morgen ändern könnten.

Erschwerend kommt hinzu, dass moderne Papierwindeln nur ein geringes Feedback über die Ausscheidungen an den Körper geben, da sie viel aufsaugen und schnell wieder ein Gefühl der Trockenheit hinterlassen. Unserem Kind abzuverlangen: »Du bist nun zwei Jahre alt, du musst jetzt sauber werden!« macht also nicht viel Sinn. Unser Kind fühlt sich von diesem Anspruch zu Recht überfordert.

Auf der anderen Seite treten Konflikte dann auf, wenn Kinder signalisieren, dass sie ohne Windel zurechtkommen wollen. Schnell denken wir dann, dass das Kind vielleicht noch zu klein ist und wir keine Lust auf das Saubermachen haben, und sprechen dem Kind seinen Wunsch ab. Es reißt sich – seinem Gefühl folgend – die Windel immer wieder ab, wodurch weitere Konflikte entstehen.

Was den Töpfchenstreit betrifft, sind wir also meistens in einem Konflikt der Über- oder Unterforderung gefangen. Für beide Situationen gibt es eine gleichlautende Lösung: Vertrau deinem Kind! Im Falle der Unterforderung ist es für uns Eltern ein wenig einfacher, da das Kind die innere Motivation mitbringt, die Windel wegzulassen. Wir müssen diesen Wunsch nur annehmen und unterstützen. Lass also einfach die Windel weg, wenn dein Kind sie nicht mehr tragen möchte. Damit ersparst du dir Kämpfe am Wickeltisch. Ist das Kind mit dem Sauberkeitswunsch noch überfordert, braucht es Zeit, zum eigenen Körpergefühl für Ausscheidungen zu kommen. Wie lange das dauert, ist sehr unterschiedlich. Wichtig ist, dem Kind Körpererfahrungen zu ermöglichen: Es darf sich selbst an- und ausziehen, es darf sich im Bad selbst waschen, sich selbst nach einem Bad einölen oder massieren, um seinen Körper besser kennenzulernen. Wenn es mag, darf es lange auf der Toilette oder dem Töpfchen sitzen bleiben und in sich hineinspüren. Ist das Kind auch nach dem fünften Geburtstag noch nicht windelfrei, kann beim Arzt überprüft werden, ob körperliche Gründe dafür vorliegen. Bis dahin können wir jedoch ganz entspannt sein.

Es ist falsch, dass Kinder erst ab einem bestimmten Zeitpunkt ihre Ausscheidungen aktiv steuern können. Schon kleine Babys können dies. Es stellt sich vielmehr die Frage, wann wir Eltern dies annehmen und entsprechend darauf reagieren.

# Tipps für einen gelassenen Umgang mit dem Thema Sauberkeit

- Dein Kind gibt den Weg vor: Wenn es von sich aus den Wunsch äußert, ohne Windeln herumzulaufen, nimm diesen Wunsch an. Wenn es den Wunsch noch lange nicht zeigt, biete sanft und ohne Zwang immer wieder windelfreie Zeiten an.

- Vorbilder sind auch beim Sauberwerden wichtig: Lass dein Kind sehen, wie du selbst die Toilette benutzt.

- Dein Kind will zu Hause nackt herumlaufen? Warum nicht?

- Es gibt Trainerhosen, die im Notfall einen Teil der Ausscheidungen auffangen.

- Dein Kind ist nicht bereit, auf die Windel zu verzichten, aber auch Wickelsituationen sind schwierig? Beteilige dein Kind aktiv daran: Lass es beim Wickeln stehen, erlaube ihm, die Windel selbst zu öffnen und sich selbst abzuwischen.

- Versuche nicht, dein Kind über Belohnungssysteme zum Sauberwerden zu bewegen: Das Sauberwerden ist ein Meilenstein, den dein Kind von sich aus erreicht. Dieses Gefühl, es selbst erreicht zu haben, ist wichtig.

- Größeren Kindern fällt es manchmal schwer, sich für das große Geschäft von der Windel zu trennen. Ein plötzliches Weglassen kann zur Verstopfung führen. Sinnvoll ist es dann, das Bedürfnis des Kindes zu berücksichtigen und einen fließenden Übergang von der Windel zum Töpfchen zu schaffen, beispielsweise indem sich das Kind zunächst mit Windel auf das Töpfchen setzen darf.

- Auch ein Umstieg auf Stoffwindeln kann eine Möglichkeit sein, damit das Kind besser die eigenen Ausscheidungen spüren kann und ein Feedback des Körpers erhält, wenn die Windel nass wird.

- Das Kind braucht keine Windel mehr? Warum diesen Meilenstein nicht überraschend mit einem kleinen Fest feiern?

RECHTS *Das Töpfchen kann für das Kind auch ein interessantes Objekt zum Spielen sein. Viele Kinder lieben es, ihren Teddy oder ihre Puppe im Spiel daraufzusetzen.*

# Streit ums Zähneputzen

Auch beim Zähneputzen treffen oft unterschiedliche Ansichten von Kindern und Eltern aufeinander. Uns Eltern treibt die Angst vor Karies an, während unsere Kinder keine Vorstellung davon haben und vielleicht gerade etwas ganz anderes als Zähne putzen wollen.

Zweimal täglich sollen die Zähne geputzt werden. Wenn das Kind aber mal nicht möchte, versuchen es viele Eltern mit Gewalt: Sie halten das Kind fest, öffnen seinen Mund, drohen ihm. Damit wird das Putzen langfristig zu einem Problem, denn das Kind versteht unsere Sorgen nicht, die Übergriffe verletzen es, nehmen ihm die Freude am Kooperieren und können zu einer Verweigerungshaltung führen.

Inwieweit sind unsere Sorgen begründet? Karies wird durch Bakterien ausgelöst, die in unserer Mundschleimhaut leben. Sie produzieren Säuren, die die Zähne angreifen können, indem sie ihnen Mineralien entziehen. Zuerst ist dies an weißen Stellen am Zahn zu erkennen, später am bräunlichen Karies, wenn der Zahn beschädigt ist. Wichtig ist also nicht nur, dass Beläge entfernt werden, sondern auch, dass die Zähne zwischen den Mahlzeiten vom Speichel umflossen werden, denn dieser schützt die Zähne vor der Entmineralisierung. Deshalb sollte es Pausen zwischen den Mahlzeiten geben – ohne Knabbereien. Auch eine gesunde Auswahl an Lebensmitteln ist wichtig. Häufiges Nuckeln an einer Flasche verhindert, dass der Speichel die Zähne umfließt. Enthält die Flasche auch noch Saft, Milch oder Kakao, werden die Zähne zusätzlich angegriffen. Es gibt also noch andere Faktoren außer Zähneputzen, die zur Kariesprophylaxe wichtig sind – die wir aber im Alltag oft weniger gewichten. Das Wissen darum kann uns als Eltern den Druck nehmen, uns zu sehr auf das Zähneputzen zu konzentrieren.

## Das entspannt die Zahnputzzeiten

- *Das Zähneputzen nach den Mahlzeiten als Ritual einführen.*
- *Dem Kind viel Handlungsspielraum einräumen: Es sollte sich im Spiegel sehen können, selbst die Zahnbürste aussuchen, die Zahnpasta auftragen und vorputzen. Nachputzen sollte bis ins Schulalter ein Erwachsener.*
- *Spaß macht auch gemeinsames Putzen, wenn das Kind ab und zu bei den Eltern schrubben darf. Lieder und Reime können die Situation aufheitern.*
- *Um größeren Kindern verständlich zu machen, wo sie gründlich putzen müssen und wo Ablagerungen liegen, gibt es in der Apotheke Färbetabletten, die die Ablagerungen sichtbar machen.*
- *Ein Abschlussritual einführen: Nach Ende des Zähneputzens gibt es einen kleinen Klecks Creme zum Verreiben auf die Nase oder einen Tropfen duftendes Öl in die Hände.*
- *Wenn es Phasen gibt, in denen das Kind nicht die Zähne putzen möchte, keinen Druck ausüben. Vielleicht bekommt es gerade neue Zähne und das Schrubben schmerzt. Immer mal wieder anbieten, dann wird das Kind bald wieder mitmachen.*

# Wenn Geschwister streiten

*Wie gesehen, geht es in der Autonomiephase oft um Ressourcen: Ich will etwas haben, ich will mehr haben als … , ich wünsche mir viel Aufmerksamkeit. Kommt nun ein Geschwisterkind in die Familie, müssen die Ressourcen neu aufgeteilt werden.*

Das »große« Geschwisterkind merkt schnell, dass es nicht mehr ausschließlich alles für sich zur Verfügung hat. Hinzu kommt, dass ein weiteres Temperament in die Familie kommt und sich die Frage stellt, wie die Temperamente zusammenpassen: Vielleicht trifft ein eher extrovertiertes Kind nun auf ein introvertiertes? Sehr unterschiedliche Temperamente können das Zusammenwachsen als Geschwister erschweren und es ist mehr Verhandlung durch uns Erwachsene notwendig. Auch dann, wenn das Baby beispielsweise mehr Unterstützung in der Regulation benötigt und viel weint, sind wir als Eltern gefragt, weil sich unser größeres Kind noch nicht in das Kleine hineinversetzen kann. Es versteht nicht, warum das Baby so viel Aufmerksamkeit benötigt. Auch wenn wir glauben, dass wir allen unseren Kindern gleichermaßen gerecht werden müssen – wir können nicht jedes unserer Kinder so behandeln, als wäre es das einzige. Das kann für das größere Kind durchaus Vorteile bringen: Es erhält mehr Chancen auf Selbstständigkeit und wir Eltern sind nicht so sehr auf dieses eine Kind fokussiert. Dass ein Geschwisterkind Vorteile hat, sieht das Kind jedoch nicht gleich und fordert – je nach Temperament – die gewohnten Dinge des Alltags ein. Können wir diese nicht bieten, kommt es schon mal zu einem Wutanfall. Das größere Kind braucht weiterhin unsere Zuwendung, aber auch liebevolle Aufmerksamkeit durch den anderen Elternteil und weitere Familienangehörige. Momente der Zweisamkeit mit jedem Elternteil sind wichtig und sollten in den Alltag eingebunden werden.

Wenn die Geschwister größer werden, kommt es auch zwischen ihnen zum Streit. Nicht jeden Konflikt müssen wir als Eltern lösen. Wir sollten ihnen immer wieder auch die Chance geben, eigene Handlungsstrategien zu entwickeln. Wichtig ist, Konfliktsituationen zwischen Geschwistern immer möglichst wertfrei zu betrachten und die Kinder darin zu unterstützen, zusammen eine Lösung zu finden.

· · · · · · · · · · · · · · · · · · · · · · · · · · · · · · · · · · · · · ·

## Geschwister im Spiel begleiten

*Lange habe ich darauf gewartet, dass sich die beiden auch im gemeinsamen Spiel verstehen. Es gibt natürlich weiterhin viele Situationen, in denen Streit oder Eifersucht entsteht. Das Los der Geschwister. Doch mein großer Sohn geht nun aktiv auf 2.0 zu und will mit ihm spielen. Während er mit Lego spielt, darf der Kleine die Kisten aus- und einräumen. Wenn wir Karten spielen, lassen wir 2.0 einfach ein paar Karten klauen, das stört uns doch nicht! Alles ein Lernprozess. Wir müssen aufpassen, das richtig zu begleiten. Die Verlockung ist groß, zu sagen, dass 2.0 ja noch klein ist und der Große das Spielzeug an den kreischenden Bruder abgeben sollte. Aber 2.0 ist gar nicht mehr so klein. Er versteht uns und muss nun auch erzogen werden. Erzogen, einbezogen, im Spiel begleitet. Wir müssen ihm zeigen, was wir gut finden und was er darf. Da kann uns der große Sohn gut helfen. Ihm hingegen müssen wir beibringen, die Situationen zu meistern, ohne gleich »nein!« zu schreien oder zu meckern.*

*Sarah von https://mamaskind.de/*

# Schimpfen und Kraftausdrücke

*Schimpfwörter sind aus unserem Alltag kaum wegzudenken. Wenn wir uns fragen, wann wir selbst zuletzt ein Schimpfwort benutzt haben, werden wir wahrscheinlich zugeben müssen, dass das noch nicht besonders lange zurückliegt.*

Denken wir einmal darüber nach, warum wir überhaupt solche Wörter benutzen. Wahrscheinlich deswegen, weil wir etwas ganz Bestimmtes damit ausdrücken wollen, eine besondere Qualität der Verärgerung.

Genauso ist es bei unseren Kindern: Wenn sie ein Schimpfwort benutzen, drücken sie damit ihre Gefühle aus und zumeist bedeutet es, dass sie kein noch stärkeres Wort kennen oder parat haben, das ihre Erregung besser umschreiben könnte. Schimpfwörter sind hochemotionale Ausdrücke: »Du Scheißmama!« und »Kackpapa!« bedeuten, dass unsere Kindern gerade nicht gut auf uns zu sprechen sind. Sie brauchen ein sprachliches Ventil für ihren Ärger. Wie genau diese Wörter klingen, liegt an dem, was sie aus ihrem Umfeld lernen und insbesondere durch uns erfahren.

Wenn wir über die Sprache unseres Kindes nachdenken, müssen wir zuerst daran denken, welche Ausdrücke wir selbst benutzen. Wie oft entfährt uns ein unbewusstes »Scheiße!«, wenn etwas kaputtgegangen ist. Können wir von unseren Kindern erwarten, uns hier nicht als Vorbild anzusehen? Wenn unser Kind also ein starkes Gefühl durch ein Schimpfwort ausdrücken will, bringt es nichts, ihm das Wort zu verbieten. Das Kind ist dann im Konflikt, etwas emotional Starkes ausdrücken zu wollen, aber nicht zu können. Die Bedeutung solcher Wörter ist Kleinkindern noch nicht bewusst. Sie benutzen sie, weil sie sie aus dem Verhalten anderer als kraftvoll verstanden haben. Wenn das Kind Wörter verwendet, die wir nicht dulden wollen, können wir als Eltern Alternativen einführen. Wenn Schimpfwörter öfter auftreten, sollten wir die Gründe hinterfragen: Warum muss mein Kind sich ständig Luft machen? Oder fordert es Aufmerksamkeit ein? Wenn größere Kinder ständig in die Schimpfwortkiste greifen, sollten wir auf jeden Fall ins Gespräch kommen. Sowohl jüngeren als auch älteren Kindern kann erklärt werden, dass Schimpfwörter nicht nur zum Luftmachen dienen, sondern auch Reaktionen verursachen und die beschimpften Personen verletzen können. So kann ein Gespräch über benutzbare und unbenutzbare Wörter entstehen.

∙ ∙ ∙ ∙ ∙ ∙ ∙ ∙ ∙ ∙ ∙ ∙ ∙ ∙ ∙ ∙ ∙ ∙ ∙ ∙ ∙ ∙ ∙ ∙ ∙ ∙ ∙ ∙ ∙ ∙ ∙ ∙ ∙ ∙ ∙ ∙ ∙ ∙ ∙ ∙ ∙ ∙ ∙ ∙ ∙ ∙ ∙ ∙ ∙ ∙ ∙ ∙

### *Auch wir machen uns mit Schimpfwörtern Luft*

*Während der ca. 50 Kinderschritte vom Spielplatz zur Cafétür ging mir durch den Kopf, dass der unverschuldete Verlust des Ballons für Maple ungefähr eine ähnliche Dimension haben musste wie für mich beispielsweise der Verlust eines Sommerurlaubs. Mit gepackten Koffern vorm Auto stehen, Anruf: »Urlaub fällt leider aus, Sie müssen arbeiten.« Ganz ehrlich, ich hätte mich von dieser Enttäuschung und vom Verlust der Vorfreude nicht so schnell erholt wie Maple, die schon nach meiner Umarmung in der Hocke aufgehört hatte zu schreien. Was würden wir sagen, nachdem wir aufgelegt hätten? »Spinnt der total? Der hat ja wohl nicht alle Tassen im Schrank! Der kann mich doch nicht vom Urlaub abhalten! Kann der sich das nicht vorher überlegen? Altes Arschloch!«*

*Frida von www.2kindchaos.com/*

## Schwierige Situationen draußen

Nicht nur in unseren eigenen vier Wänden haben wir in der Autonomiephase unsere Probleme mit Kindern. Schwierig wird es auch, wenn wir draußen sind und uns vor anderen für das Verhalten unseres Kindes rechtfertigen müssen oder wollen.

Auch bringen andere und fremde Situationen für das Kind weitere Herausforderungen mit sich, mit denen wir uns auseinandersetzen müssen. Draußen sind die Dinge abwechslungsreicher und aufregender als die bekannte Welt zu Hause. Während Kinder in Wohnungen und Häusern ihre Wünsche nach freier Bewegung und Selbstbestimmung oft einschränken müssen, sehen sie im Freien die Chance, sie auszuleben.

Mit Kindern ab zwei Jahren werden selbst die Wege zum Supermarkt, zum Kindergarten oder auch Spaziergänge manchmal zu großen Herausforderungen: Sie rennen vor, bleiben stehen, setzen oder legen sich auf den Boden. Unsere Zeitplanung gerät durcheinander und unsere Nerven liegen manchmal blank. Pünktlichkeit – wie ging das gleich noch mal?

Auch Ängste tun sich auf, wenn das kleine Kind im Straßenverkehr plötzlich davon-rennt. Wir Eltern geraten in solchen Situationen unter enormen Stress, der jedoch auf die völlig entgegengesetzten Wünsche des Kindes prallt. Auch hier ist es wieder wichtig, die Gründe für das kindliche Verhalten zu hinterfragen und auf dieser Basis gute Lösungen zu finden.

# Spazierengehen zwischen Stehen und Rennen

Die Eigenständigkeit unserer Kinder wird uns auf einmal bewusst, wenn wir beobachten, wie weit sie sich schon von uns wegbewegen, ohne zurückzuschauen. Manche Kinder sind schon früh voller Entdeckerdrang draußen unterwegs und rennen voran, laufen um Häuserecken oder verstecken sich. Dieses normale und angeborene Verhalten stößt in unserer heutigen Welt jedoch auf Probleme, wenn wir in großen Städten mit gefährlichen Straßen, unvorhersehbar einparkenden Autos und schnell fahrenden Fahrradfahrern wohnen.

Im Jahr 2015 war jedes vierte im Straßenverkehr verunglückte Kind zu Fuß unterwegs. Für Kinder, die die Perspektive anderer noch nicht einnehmen können, sind die Gefahren des Straßenverkehrs nicht ersichtlich. Auch können sie Geschwindigkeiten noch nicht einschätzen.

Wir Erwachsene sollten deswegen keine Erwartungen an ein »natürliches« Schutzverhalten unserer Kinder haben, sondern sind in der Pflicht, sie vor Unfällen zu schützen. Ein »Siehst du denn nicht … ?« bringt uns nicht weiter, denn tatsächlich erkennt das Kind die Gefahr nicht. Unsere erwachsene Weitsicht stimmt nicht überein mit den Vorstellungen des Kindes, das ja draußen seinen Bedürfnissen nach Bewegung und Erprobung von Fertigkeiten nachkommen möchte. Dies gilt besonders dann, wenn es zu Hause seinen natürlichen Bewegungsdrang einschränken muss. Deshalb ist es wichtig, dass wir eine Möglichkeit finden, die unterschiedlichen Bedürfnisse miteinander in Einklang zu bringen.

# Kleiner Survival-Guide für Stadtausflüge

- Kinder brauchen Räume und Zeiten, in denen sie ihren Bewegungsdrang ausleben können. Besonders bieten sich freie und nicht extra für Kinder gestaltete Flächen an (Parks, Felder, Wälder), damit sie ihre Fähigkeiten ausgiebig erproben können. Spielplätze können eine Alternative für das freie Spiel auf der Straße sein, vorausgesetzt, dass wir das Kind dort wirklich frei spielen lassen.

- Manche Kinder rennen gerne ungestüm voran. Als Kleinkinder können sie noch nicht einschätzen, wo ein guter Ort zum Fangen- oder Versteckspiel ist und wo nicht. Hier müssen wir klare Regeln aufstellen: Auf der Straße wird nicht gespielt. Vorlaufen ist bis zu einem festgelegten Punkt möglich, wenn das Kind die grundlegenden Regeln im Straßenverkehr verinnerlicht hat (etwa dass es nicht mehr unachtsam auf den Fahrradweg oder die Straße rennt). Bis dahin ist es unsere Aufgabe, an der Seite unserer Kinder zu bleiben, ihnen die Gefahren und richtigen Verhaltensweisen zu erklären und sie bewusst in Entscheidungen einzubinden. Bei einigen Kindern ist das eine langwierige Aufgabe – je nach Temperament.

- Andere Kinder sind eher langsam unterwegs und bestaunen die Welt um sich herum. Auch hier können sich Konflikte ergeben, wenn wir selbst es eilig haben. Kinder können in ihre Tätigkeit noch voll und ganz versinken, während wir rational nachdenken und abwägen. Wenn wir das Bedürfnis des Kindes verstehen, lässt sich die Situation lösen: Von den Ameisen am Straßenrand kann man sich verabschieden, von den tollen Kieseln dürfen einige mit nach Hause genommen werden, mit der Spielplatzfreundin kann man sich für einen weiteren Tag verabreden.

- Was wir bei Kindern, die nicht weitergehen (weil sie müde oder in etwas vertieft sind oder gerade etwas anderes wollen als wir), niemals tun sollten: sie stehen lassen und einfach weitergehen, vielleicht noch mit dem Kommentar »Na gut, dann bleibst du eben hier!«. Anstatt für das Kind Verständnis aufzubringen und den Konflikt zu lösen, führen wir damit einen neuen Konflikt ein: Das Kind wird ängstlich und aufgeregt und weiß nicht, was es tun soll. Gerade im Straßenverkehr kann eine solche Situation sehr gefährlich sein.

# Die anderen

Die wirklich große Herausforderung draußen sind die anderen Menschen. Solche, die uns und das Verhalten unseres Kindes kritisch beäugen oder von denen wir glauben, sie würden dies tun. Wie wir auf Seite 29 ff. erfahren haben, ist unser Bild vom Kind gesellschaftlich geprägt. Auch wenn wir bestrebt sind, zu einem angemessenen Bild von unserem Kind zu kommen und Verständnis für seine Bedürfnisse aufzubringen, ist die Nachricht über die Vorteile und Notwendigkeit der Autonomiephase jedoch noch nicht überall angekommen in unserer Umwelt.

## Kein Grund zur Rechtfertigung

Häufig ist es so, dass sich die Wutausbrüche unseres Kindes gegen uns als Bezugspersonen richten oder dass wir bei einem Konflikt zwischen ihm und einem anderen Kind regulierend eingreifen müssen. Sehr selten nur kommt es vor, dass ein Kind gegen eine fremde Person wütet. Das hindert jedoch andere nicht daran, sich in Konfliktsituationen einzumischen. Hierdurch wird entweder das Kind beschämt, weil sich andere Personen negativ über sein Verhalten äußern, oder wir als Eltern werden unter Druck gesetzt, was sich wiederum negativ auf unser Erziehungsverhalten auswirken kann und wir weniger feinfühlig reagieren, als wir es eigentlich wollen.

Hilfreich in solchen Situationen ist, dass wir klar in unserer eigenen Vorstellung sind und selbstbewusst zu unserem Verhalten stehen können. Wir müssen uns nicht rechtfertigen, wenn wir verständnisvoll auf unser Kind eingehen, denn unser Verhalten ist richtig und angebracht. Manches Mal aber müssen wir unser Kind vor verbalen Übergriffigkeiten von anderen schützen: Niemand hat das Recht, unser Kind als Tyrann, Teufelchen oder Zicke zu beschimpfen. Auch sollten sich Außenstehende nicht einmischen, indem sie versuchen, Kinder abzulenken oder mit Süßigkeiten zu bestechen. Als Eltern sollten wir klar vertreten, dass wir diese Situation mit unserem Kind gemeinsam lösen und unser Weg genau richtig ist, so wie wir ihn gehen. Etwas Rückenstärkung hierfür gibt es im nächsten Kapitel.

## Sicherheit vermitteln

# ELTERN, KINDER, GRENZEN

Aus den vorangegangenen Kapiteln wird klar: Es ergibt keinen Sinn, unsere Kinder durch Druckmittel, Auszeiten, Gebote und Verbote einzuschränken, wenn sie gerade etwas ganz anderes wollen als wir. Sie verstehen uns nicht, sie können noch nicht handeln wie wir. Dennoch ist die Autonomiephase keine Zeit ohne Grenzen, ohne Bestimmtheit der Eltern. Im Gegenteil: Kinder brauchen Eltern, die ihnen den Weg vorgeben, die einen Plan verfolgen im Leben und sich sicher sind in dem, was sie tun.

# Dem eigenen Leitstern folgen

Schon im ersten Lebensjahr merken wir, wie wichtig es ist, einen eigenen Weg mit Kindern zu finden. Wir können uns dabei an Vorbildern orientieren. Aus eigener Erfahrung und dem, was uns andere vermitteln, gestalten wir unseren individuellen Weg.

Der Weg, den wir mit unseren Kindern gehen, bildet sich im Laufe der Zeit aus. Und er hat eine große Bedeutung für den Alltag mit unseren Kindern. Wir sollten immer variabel und spontan sein können, aber gleichzeitig in unseren Grundsätzen und Leitgedanken klar und konsistent. Kinder brauchen Eltern, die wissen, was sie tun. Sie selbst finden erst ihren Weg in diesem Leben und sind darauf angewiesen, uns zu vertrauen. Wir zeigen ihnen durch unser Vorbild, was richtig und falsch ist. Dieses Vertrauen ist ein Eckpfeiler jeder Beziehung.

Kinder brauchen Zuverlässigkeit, Vorhersehbarkeit und Sicherheit. All das strahlen wir aus, wenn wir klar sind in unseren Vorstellungen und Handlungen und sie wissen: In dieser und jener Situation reagieren Mama und Papa so und so.

Wenn wir jedes Mal anders handeln, wenn wir schwanken und unsicher sind, haben unsere Kinder es schwer, sich zu orientieren. Wenn wir mit unserem Kind an einem Tag auf der Straße Fangen spielen, es am nächsten Tag aber dazu anhalten, dort nicht zu rennen, ist es zu Recht verwirrt. Gibt es an einem Tag Schokomüsli zum Frühstück, aber am nächsten sind Süßigkeiten morgens verboten? Solche Unklarheiten erschweren uns den Alltag. Deswegen ist es so wichtig, dass wir uns klar werden in dem, was für uns wirklich geht und was nicht.

## Verantwortung übernehmen

Wir alle kennen die Warnschilder »Eltern haften für ihre Kinder«. Das gilt nicht nur auf Baustellen, sondern im ganzen Leben: Wir Eltern tragen die Verantwortung. Unsere Kinder können, wie wir gesehen haben, zu großen Teilen noch nicht rational denken wie wir. Das müssen sie auch nicht, denn es ist gut und für ihre Entwicklung richtig, dass sie so denken, wie sie denken. Wenn wir ihnen die Entscheidungen für alles über-

### Was sind deine persönlichen Grundregeln?

*Nutze einen Abend, um aufzuschreiben, was dir persönlich wichtig ist und wovon du nicht abweichen möchtest: Gibt es bestimmte Regeln für die Mahlzeiten (Essen beginnt mit einem Tischspruch; wir bleiben am Tisch, bis alle fertig sind), für das Schlafen, für draußen? Es hilft oft, sich seinen persönlichen Leitstern einmal zu formulieren. Diese Grundgedanken solltest du abgleichen mit denen deines Partners, deiner Partnerin, denn es ist wichtig, an einem Strang zu ziehen. Vielleicht gibt es Unterschiede, über die ihr sprechen könnt. Gibt es Dinge, die dem einen besonders wichtig sind, sollten wir uns gemeinsam daran halten.*

lassen, sind sie damit oft überfordert. Oder es führt uns in weitere Konfliktsituationen, wenn wir ihnen nur scheinbar die Wahl überlassen und darauf hoffen, sie würden sich von selbst »richtig« verhalten. Wenn wir unser Kind zum Beispiel fragen: »Was soll es heute zu Mittag geben?« und es antwortet: »Schokoladeneis!«, ist das kein falsches Verhalten des Kindes. Es ist richtig und logisch. Falsch haben WIR uns verhalten, wenn wir mit der Antwort rechneten: »Kartoffeln mit Erbsen.« Wenn wir nun aber sagen: »Nein, das geht nicht, es gibt Kartoffeln mit Erbsen«, ist unser Kind wahrscheinlich verärgert und es kommt zu einem Konflikt. Wenn wir schon offene Fragen stellen, sollten wir die Antwort des Kindes wirklich annehmen. Sinnvoller ist es manchmal, wenn wir unser Kind aus zwei für uns richtigen Alternativen auswählen lassen: »Möchtest du Kartoffeln mit Erbsen ODER Reis mit Tomatensoße?«

Manche Entscheidungen können wir jedoch nicht unseren Kindern überlassen, weil nur wir sie überblicken können. Wir können sie im Winter ohne Mütze hinausgehen lassen, aber nicht im Badeanzug – auch wenn sie das zunächst wollen. Wir sind erwachsen und tragen die Verantwortung für das Wohlergehen des Kindes.

## Grenzen setzen

Es ist unsere Aufgabe, die Verantwortung für unsere Familie zu übernehmen. Wir geben einen Rahmen vor, in dem wir unserem Kind größtmöglichen Handlungsspielraum geben, damit es sich frei und selbstständig darin entwickeln kann. Doch einen Rahmen für das Leben mit anderen gibt es immer. Für unsere Kinder ist es gut, wenn wir den Rahmen recht groß anfertigen oder ihn im Laufe der Zeit ausdehnen. Denn das Stoßen auf Grenzen bringt immer auch Konflikte mit sich. Wie wir gesehen haben, lassen sich viele Konflikte entschärfen, wenn wir unsere Kinder wirklich verstehen. Dann merken wir nämlich, dass die von uns gezogene Grenze vielleicht einfach keinen Sinn ergibt, weil sie an den Bedürfnissen des Kindes vorbeigeht. Wenn wir Grenzen festlegen, sollten wir uns immer fragen, woher diese kommen und ob sie vielleicht nur ein Relikt unserer eigenen Vergangenheit sind, das in unserer heutigen Situation nicht mehr passt. Ein »Das macht man aber so!« sollte uns immer aufhorchen lassen.

Grenzen sind immer da sinnvoll, wo unsere Kinder das persönliche Wohlbefinden anderer Menschen überschreiten: wenn sie körperlich oder emotional aggressiv sind, wenn sie Werte oder Besitz von anderen nicht respektieren oder nicht richtig behandeln und wenn sie sich selbst oder andere in Gefahr bringen. Dies sind natürliche Grenzen, die sich aus einem sozialen Miteinander ergeben.

Es gibt auch sehr individuelle Grenzen. Wir haben zum Beispiel unsere Gründe, warum wir vielleicht ganz bestimmte Situationen nicht dulden. Oft sind es schlechte eigene Erfahrungen, die uns leiten. Die individuellen Grenzen haben ihre Berechtigung, doch wir sollten sie von Zeit zu Zeit hinterfragen und nicht zu viele werden lassen.

## Nicht alle Konflikte vermeiden

Wenn wir es unseren Kindern ermöglichen, auf möglichst wenige Grenzen und Neins von uns zu stoßen, bedeutet das nicht, dass wir allen Konflikten aus dem Weg gehen sollten. Auch Konflikte gehören zum Leben dazu und unsere Kinder lernen von uns, damit umzugehen. Unser Leben bietet zu jeder Zeit eine breite Palette von Gefühlen, mit der wir umgehen müssen: von Freude über Langeweile bis Wut und Trauer. Kinder dürfen diese Palette des Lebens kennenlernen. Sie müssen Kompetenz im Umgang mit ihren Gefühlen erlangen. Für uns Eltern ist es manchmal schwierig, die Wut oder den Ärger unseres Kindes auszuhalten. Wir wünschen uns, dass unsere Kinder fröhlich sind und lachen. Wir kommen schnell in Versuchung, unser Kind abzulenken oder den Grund für seine Traurigkeit zu mildern: »Ach, sei nicht traurig, ich kauf dir ein neues Kuscheltier.« Manchmal ist dies eine gute Lösung. Doch oft brauchen Kinder einen Menschen an ihrer Seite, der die Situation begleitet und ihnen ihre Gefühle spiegelt, damit sie damit umgehen lernen. Da ist Ablenkung nicht immer richtig. Kinder sollten auch nicht lernen, dass Menschen und Dinge jederzeit austauschbar sind.

Auf der Suche nach der Vermeidung von Konflikten sind Eltern manchmal sehr einfallsreich und lassen sich zu aufwendigen Lösungsversuchen hinreißen, um Probleme aus dem Weg zu gehen. Doch nicht jede kreative Idee ist auch wirklich alltagstauglich und langfristig sinnvoll. Denn als Eltern sollten wir nicht nur unser Kind mit seinen Bedürfnissen im Blick behalten, sondern auch uns und unsere Ressourcen. Wenn wir diese überschreiten, um dem Kind alles recht zu machen, kommen wir langfristig nicht an das Wunschziel Gelassenheit, sondern zur Endstation Überforderung.

## Für sich selbst sorgen

Die Autonomiephase im Leben unserer Kinder ist voller Fantasie, Kreativität und Überraschungen. Aber sie ist – trotz allem Verständnis für die Entwicklung unserer Kinder – auch sehr anstrengend und kräftezehrend. Besonders dann, wenn wir es anders machen wollen, als wir es vielleicht selbst erlebt haben. An manchen Tagen sind wir einfach total erschöpft von Wutgeschrei, Tränen und Verhandlungen. Manchmal sind wir vielleicht auch von uns selbst enttäuscht und machen uns Vorwürfe.

Deswegen ist es so wichtig, sich auch um sich selbst zu kümmern. Nicht nur das Kind hat eine schwere Zeit, wir auch. Wo auch immer wir Unterstützung finden, sollten wir sie annehmen. Besonders wichtig ist der Austausch mit anderen. Wie wir gesehen haben, ist die Autonomiephase ein natürlicher Bestandteil der Entwicklung, den alle Kinder durchwandern. Auch anderen Eltern geht es also wie uns. Zusammen lässt es sich leichter ertragen. Zusammen können wir über den Alltag sprechen und uns gegenseitig unterstützen. Kinder brauchen ein ganzes Dorf zum Aufwachsen, aber wir Eltern auch. Und das ganz besonders in der Zeit, in der unsere Kinder zwei bis sechs Jahre alt sind.

## Nur eine Phase?

Die gute Nachricht ist: Wir können einiges tun, um mit der Wut unserer Kinder gut umzugehen und Autonomie im Alltag weitgehend zu ermöglichen. Die auf den ersten Blick schlechtere Nachricht ist: Dies ist erst der Anfang. Unsere Kinder sind unsere Kinder und zeit unseres Lebens wird es (auch) um Ressourcen und Selbstständigkeit gehen. Unsere Aufgabe ist es immer, zwischen Wurzeln und Flügeln die richtige Balance zu finden. Heute geht es darum, ob sie eine extra Eiskugel bekommen, morgen darum, wie lange sie auf der Party bleiben. Übermorgen setzen wir uns damit auseinander, dass sie als Eltern vielleicht manche Dinge ganz anders machen wollen, als wir es taten. Sie werden größer, ihre Unzufriedenheit zeigen sie irgendwann nicht mehr so, dass sie sich auf dem Boden rollen. Sie haben von uns gelernt, wie sie richtig mit ihren Gefühlen umgehen. Und selbst dann, wenn wir unterschiedliche Meinungen haben, können wir stolz auf sie sein, dass sie das gelernt haben. Und wir können stolz auf uns sein, weil wir es ihnen ermöglicht haben durch unser Verständnis und unsere liebevolle Zuwendung. Das ist die andere gute Nachricht.

Autonomie ist keine Phase im Leben von Kindern, sondern ein steter Begleiter, den wir lernen müssen, in unser Leben einzubinden. Je mehr wir ihn annehmen, desto einfacher wird es und irgendwann fällt er uns gar nicht mehr auf, weil er einfach dazugehört.

# Zum Weiterlesen

**Mehr von mir und meiner Sicht auf die kindliche Entwicklung:**

**Mierau, Susanne:** *Geborgene Kindheit: Kinder vertrauensvoll und entspannt begleiten.* Kösel.

Bindungsorientierte Elternschaft nach dem ersten Geburtstag

**Mehr zum Thema Autonomiephase:**

**Bartig-Prang, Tatje:** *Pipi. Kacka. Gut gewickelt – ruckzuck windelfrei.* Trias.

Der entspannte Weg weg von der Windel

**Gaschler, Frank; Gaschler, Gundi:** *Ich will verstehen, was du wirklich brauchst. Gewaltfreie Kommunikation mit Kindern. Das Projekt Giraffentraum.* Kösel.

Für gute Gesprächskultur in der Familie

**Renz-Polster, Herbert; Imlau, Nora:** *Schlaf gut, Baby! Der sanfte Weg zu ruhigen Nächten.* GU.

Sanfte Strategien, die beim Ein- und Durchschlafen helfen

**Bücher, von denen auf den vergangenen Seiten bereits die Rede war:**

**Corssen, Jens; Tramitz, Christiane**: *Ich und die anderen. Als Selbst-Entwickler zu gelingenden Beziehungen.* Knaur

**Eliot, Lise:** *Was geht da drinnen vor? Die Gehirnentwicklung in den ersten fünf Lebensjahren.* Berlin Verlag

**Graf, Danielle; Seide, Katja:** *Das gewünschteste Wunschkind aller Zeiten treibt mich in den Wahnsinn. Der entspannte Weg durch Trotzphasen.* Beltz

**Largo, Remo H.:** *Babyjahre. Die frühkindliche Entwicklung aus biologischer Sicht.* Piper

**Odent, Michel:** *Geburt und Stillen. Über die Natur elementarer Erfahrungen.* C. H. Beck

**Schulz von Thun, Friedemann:** *Miteinander reden. Teil 1: Störungen und Klärungen.* Kreuz

**Quellenangaben und Literaturhinweise**

**S. 8, Zitat »Wir registrieren ... «:** In: Eliot, Lise: Was geht da drinnen vor? Die Gehirnentwicklung in den ersten fünf Lebensjahren. 4. Aufl. 2003, Berlin Verlag, S. 413

**S. 26, Studie zum Temperament von Kindern:** In: deVries, Marten (1984): Temperament and infant mortality among the Massai of East Africa. In: The American Journal of Psychiatry 141(10), S. 1189–1194

**S. 27, Überlebensquote von männlichen und weiblichen Embryonen:** In: Renz-Polster, Herbert: Kinder verstehen. Born to be wild: Wie die Evolution unsere Kinder prägt. 2010, Kösel, S. 487

**S. 29, Erziehung im Kulturvergleich:** In: Lancy, David F. (2015): The Anthropology of Childhood. Cherubs, Chattel, Changelings, 2. Aufl. 2015, Cambridge University Press, S. 197 f.

**S. 39, Zitat »Wenn wir also ... «:** In: Wygotski, Lew: Ausgewählte Schriften. Band 2: Arbeiten zur psychischen Entwicklung der Persönlichkeit. 1987, Pahl-Rugenstein, S. 83

**S. 61, Zitat »Wenn das Kind ... «:** In: Liedloff, Jean: Auf der Suche nach dem verlorenen Glück. 1998, C. H. Beck, S. 117

**S. 67, Zitat »Ein Kind ist nicht ... «:** In: Gruen, Arno: Der Fremde in uns. 2000, Klett-Cotta, S. 39

**S. 67, Zitat »Baby, Baby ... «:** Aus: Blaffer Hrdy, Sarah: Mutter Natur. Die weibliche Seite der Evolution. 2002, Berliner Taschenbuch Verlag, S. 603

**S. 73, Zitat »Das heroischste ... «:** In: Birk, Walter; Mayer, August: Lehrbuch der Wöchnerinnen-, Säuglings- und Kleinkinderpflege für Pflegerinnen, Schwestern und Mütter. 1930, Ferdinand Enke, S. 186

**S. 78, Zitat »Für die meisten ... «:** In: Kagan, Jerome: Die drei Grundirrtümer der Psychologie. 2000, Beltz, S. 10

**S. 89, Zitat »Die Gewaltfreie ... «:** In: Gaschler, Frank; Gaschler, Gundi: Gewaltfreie Kommunikation mit Kindern. Das Projekt Giraffentraum. - 3. Aufl. München: Kösel, S. 33

**S. 97, Zitat »Manchmal wird ... «:** In: Kohn, Alfie: Liebe und Eigenständigkeit. Die Kunst bedingungsloser Elternschaft, jenseits von Belohnung und Bestrafung. 2015, Arbor, S. 80

**Beratungsangebote**

**www.sesk.de**

Elternkurse des Deutschen Kinderschutzbundes

**www.clarat.org/family**

Unterstützungsangebote für Kinder, Jugendliche und Familien

**Blogs & Netzempfehlungen**

**Hier findest du die Blogs aus diesem Buch und weitere hilfreiche Links:**

**geborgen-wachsen.de** – Blog von Susanne Mierau über bindungsorientierte Elternschaft und das Familienleben mit drei Kindern zwischen Berlin und dem Land

**elfenkindberlin.de** – Blog der zweifachen Mutter, Designerin und Schauspielerin Rebecca Lina

**elternvommars.com** – Annas Blog über das Leben mit Kindern und Montessori im Alltag

**gewuenschtestes-wunschkind.de** – Blog zum Buch, rund um Kindheit und Elternschaft

**mama-arbeitet.de** – Christine Finke, alleinerziehende Mutter und Politikerin, berichtet über ihren Familienalltag

**mamablog-mamamia.com** – Halima schreibt über ihr Leben als arbeitende Mutter mit zwei Kindern

**mamaskind.de** – Sarah schreibt über das Leben als SEO-Frau und Mutter

**mama-notes.de** – Helicopter Parenting ist Sonja zu anstrengend

**nestling.org** – Kathrin berichtet auf ihrem Blog über das Leben mit ihren Kindern und Attachment Parenting

**oeko-hippie-rabenmuetter.de** – Kathrin berichtet von dem »unerzogenen« Leben ihrer Familie

**runzelfuesschen.blogspot.de** – Andrea und Alex schreiben über das Leben mit ihren beiden Kindern in Berlin

**tollabea.de** – Marlene Ottendörfer schreibt als Marlene Hellene für den großen Eltern- und Bastelblog von Béa Beste

**vierpluseins.wtf** – Caspar Clemens Mierau, Ehemann von Susanne Mierau, wirft einen humorvollen Blick auf die Elternschaft

**vonherzenundbunt.de** – Bloggerin Jil schreibt über ihr Leben als hochsensible Mutter und Veganerin

**wunschkind-herzkind-nervkind. blogspot.de** – Blog von Sabrina über das Leben mit ihren zwei Kindern und die Montessoripädagogik

**2kindchaos.com** – Neben Frida schreiben hier auch andere Autorinnen im Elternmagazin

## Impressum

© 2017 GRÄFE UND UNZER VERLAG GmbH, München
Alle Rechte vorbehalten. Nachdruck, auch auszugsweise, sowie Verbreitung durch Bild, Funk, Fernsehen und Internet, durch fotomechanische Wiedergabe, Tonträger und Datenverarbeitungssysteme jeder Art nur mit schriftlicher Genehmigung des Verlages.

Projektleitung: Simone Kohl
Lektorat: Rita Steininger
Bildredaktion: Nele Radtke
Umschlaggestaltung und Layout: independent Medien-Design, Horst Moser, München
Herstellung: Susanne Mühldorfer
Satz: L42 AG, Berlin
Reproduktion: Longo AG, Bozen
Druck und Bindung: Firmengruppe appl, Wemding

Printed in Germany

ISBN 978-3-8338-6021-8

4. Auflage 2018

Die GU-Homepage finden Sie unter www.gu.de

## Bildnachweis

Fotolia: S. 132 mitte; Getty Images: Cover, S. 34 oben und unten, 41, 59, 62, 80 oben, 98, 102 mitte, 107, 114; istock: S. 10 oben und mitte, 16, 27, 33, 34 mitte, 50, 55, 69, 80 mitte und unten, 85, 90, 102 unten, 110, 121, 137; Susanne Mierau: S. 6; Astrid Obert: S. 101; Shutterstock: S. 46; Stocksy: S. 6, 19, 31, 64, 94, 102 oben, 132 oben

Syndication: www.seasons.agency.de

## Wichtiger Hinweis

Die Gedanken, Methoden und Anregungen in diesem Buch stellen die Meinung bzw. Erfahrung der Verfasser dar. Sie wurden von den Autoren nach bestem Wissen erstellt und mit größtmöglicher Sorgfalt geprüft. Sie bieten jedoch keinen Ersatz für persönlichen kompetenten medizinischen Rat. Jede Leserin, jeder Leser ist für das eigene Tun und Lassen auch weiterhin selbst verantwortlich. Weder Autorin noch Verlag können für eventuelle Nachteile oder Schäden, die aus den im Buch gegebenen praktischen Hinweisen resultieren, eine Haftung übernehmen.

## Umwelthinweis

Dieses Buch wurde auf PEFC-zertifiziertem Papier aus nachhaltiger Waldwirtschaft gedruckt.

**Liebe Leserin, lieber Leser,**
haben wir Ihre Erwartungen erfüllt? Sind Sie mit diesem Buch zufrieden? Haben Sie weitere Fragen zu diesem Thema? Wir freuen uns auf Ihre Rückmeldung, auf Lob, Kritik und Anregungen, damit wir für Sie immer besser werden können.

**GRÄFE UND UNZER Verlag**
Leserservice
Postfach 86 03 13
81630 München
E-Mail:
leserservice@graefe-und-unzer.de

Telefon: 00800 / 72 37 33 33*
Telefax: 00800 / 50 12 05 44*
Mo–Do: 9.00 – 17.00 Uhr
Fr:        9.00 – 16.00 Uhr
(* gebührenfrei in D, A, CH)

Ihr GRÄFE UND UNZER Verlag
*Der erste Ratgeberverlag – seit 1722.*

*Ein Unternehmen der*
GANSKE VERLAGSGRUPPE

www.facebook.com/gu.verlag